新潮文庫

ウケる技術

小林昌平
山本周嗣 著
水野敬也

新潮社版

8162

美しくない人でもうまい冗談をポケットに入れていれば成功する。いっぱいポケットがいるけどね。

アンディ・ウォーホル

はじめに

本書は、今まで世の中に存在した何千何万というビジネス書、自己啓発書の類の本では、おそらく一度も体系化されることのなかったスキルの解明を試みた、まったく新しいコミュニケーションの教科書です。

たとえば、初対面の相手との会話で、たんにマニュアル通りの好印象を与えるだけなら、数多くの本が扱ってきました。相手の話の聞き役に回り、相手が話したがっていることを聞いてあげる、等々。本書は、その「ふつうの人」のレベルをはるかに超えて、**「笑い」という強力なツールをもって、積極的に相手に食い込もうとする**立場に立っています。

読者の方々の周りにも、笑いを武器にして相手にうまく気に入られるタイプの人が何人か思い当たるでしょう。とはいえ、「どうして彼らがウケているのか」ということに明確な答えが与えられることはありませんでした。ウケている当の本人ですら

はじめに

「なぜ自分が面白いことを言えるのか」ということには無自覚であったはずです。笑いをとるしくみを解明するという「あってもいい仕事」を誰かが構想したとしても、「人を笑わせるセンスがない人間による反動的な行為」などとしてこれまで避けられてきたのが、「ありそうでなかった」理由ではないでしょうか。

その結果、「ウケる技術」（ロジカルシンキング、問題解決法、説得術といったいわばハードなスキルに対しての、対人力、ヒューマンスキル、人間関係のスキルといったソフトなスキルの総称）は**センス、あるいは才能**という一言で片づけられてきたのが現状でしょう。

ところが、あらためて「ウケる人」の無数の会話を地道に整理していくと、**誰でもマネすることができる有限のパターンの組み合わせに分解できることがわかってきま**した。現実の「ウケる人」たちは、財力や美貌（びぼう）といった得がたい才能ではなく、意欲と努力により上達可能なコミュニケーション能力をもって、豊富な人脈を築き、充実した人生を送っています。読者の方々も「ウケる人」の会話パターンを学ぶことによって、「笑い」を武器に人間関係を切りひらくコミュニケーターへと成長し、ビジネスや恋愛がもっとスムーズに、もっとうまくいくものと信じています。

今まで充分に「ウケる人」だった方々にも、ぜひ読んでいただきたいと思います。

あらためて体系化された技術を「復習」することで、生来の素質にいっそうの磨きをかけることができるでしょう。

もちろん現実の会話は、生身の人間が相手であり、個人差があるわけで、本書が提示する技術によって、毎回確実に笑いをとることができるというわけではありません。ただし、出会う人出会う人に対してウケる確率、いわば「打率」を底上げすることは可能です。

本書はまた、笑いのネタをあらかじめ準備しておく、といったタイプの本ではありません。はっきり言ってしまえば、むしろそうした手法を、応用の利かない小手先のテクニックとして否定します。**コミュニケーションはアドリブである**というごく当たり前な認識にのっとって、いかに話のきっかけを作るか、きっかけをどうころがして、いかに盛り上げるか、という視点に立って理論を展開しています。

よって本書が考えているゴール（目標）とは、次のようなものです。読者の方々が、本書が説く技術を「読んでわかる」意識のレベルから「しかるべきタイミングで口をついて出てくる」無意識のレベルにまで落とし込み、**ふだんの会話の中で常に、話を展開する複数の選択肢＝技術を持っている状態**、「いかようにもころがすことができる」という確かな自信を持っている状態です。それは、たとえいま目の前にいる相手

はじめに

と打ちとけていなかったとしても、「打ちとけるのは時間の問題、それでもダメなら相性が悪いだけ」というぐらいの精神的余裕にもつながります。

言い換えれば、さまざまな場面で使いまわしのきくいくつかの得意パターンを「核」として持ちつつ、**一つ一つのアドリブがスキルに裏付けされたアドリブとなること**にほかなりません。コミュニケーションにおける自分だけの成功パターン、つまりコミュニケーション・スタイルを確立することほど、人生で心強いことはないでしょう。本書は、その強力な手助けになると確信しています。

目次

はじめに 4

本書の特長と使い方 15

ケース0 しょうがない上司の味方になってあげる！ 22
ウケる技術❶ ツッコミ 28

戦略1 ガイジン化 31

ケース1 お偉いさんのフトコロに飛びこむ！ 42
ウケる技術❷ 建前 48
ウケる技術❸ カミングアウト 50
ウケる技術❹ 前置き 52
ウケる技術❺ 分裂 54
ウケる技術❻ 自分ツッコミ 56

ウケる技術 ❼ 下心 58
ウケる技術 ❽ タメ口 60
ウケる技術 ❾ 恐縮 62

ケース2 イカツい若者を鎮める! 64

ウケる技術 ❿ 切りかえ 78

ケース3 結婚式のスピーチでスベらない! 70

戦略2 ねばり強さ 81

ケース4 オンナを家にお持ち帰る! 88

ウケる技術 ⓫ 詭弁 94
ウケる技術 ⓬ 俯瞰 96

ケース5 父になったとして、娘をふりむかせる! 98

ウケる技術 ⓭ カン違い 104
ウケる技術 ⓮ フェイクツッコミ 106
ウケる技術 ⓯ キザ 108

ウケる技術⑯パロディ 110

ウケる技術⑰自分フォロー 112

ケース6 この前の飲み会で脈のない女を電話で口説く！ 114

ウケる技術⑱ディテール化 122

ウケる技術⑲深読み 124

ウケる技術⑳アピール 126

戦略3 神の視点 129

ケース7 ナメられたとき、応戦する！ 136

ウケる技術㉑キャラ変 142

ウケる技術㉒同調 144

ケース8 陰険な上司の攻撃をいなす！ 146

ウケる技術㉓便乗 152

戦略4 逆

ケース9 腐った友人を生き返らせる！ 160
- ウケる技術㉔ 裏切り 166
- ウケる技術㉕ カウンター 168
- ウケる技術㉖ ミスマッチ 170
- ウケる技術㉗ 粋 172

ケース10 上司のウザい誘いを切り抜ける！ 174

戦略5 チューニング力 179

ケース11 彼女の父親に挨拶に行く！ 185
- ウケる技術㉘ 天井 192

ケース12 お客さんとの間合いをつめる！ 194

戦略6　番組化　201

ケース13　間がもたない初対面をしのぐ！　208
- ウケる技術㉙レッテル展開　214
- ウケる技術㉚悪い空気　216

ケース14　居心地の悪い店をなんとかする！　218
- ウケる技術㉛ロールプレイング　224

ケース15　ディズニーランドの2時間30分待ちを乗りきる！　226
- ウケる技術㉜擬人化　234
- ウケる技術㉝強がり　236

最終戦略　愛　239

ケース16　飲み会で弱者をプロデュースする！　244
- ウケる技術㉞パス　252

ケース17　空港にて　256

補足　アクションとレトリック

ウケる技術㉟サプライズ　264

ウケる技術㊱ビジュアル化　269
ウケる技術㊲決まり動作　270
ウケる技術㊳決まり文句　271
ウケる技術㊴韻　272
ウケる技術㊵ボキャブラリー　273

ウケる技術・メール篇✉　275

ケース1　メールアドレスを聞いた相手に初めての携帯メールを送る！　280

メールでウケる技術❶空気読み　288
メールでウケる技術❷自分ツッコミ　289
メールでウケる技術❸ニュアンスづけ　290

ケース2　日程調整のメールを、点を稼ぐメールに変える！

メールでウケる技術❹・❺ 言い換え／繰り返し　296

メールでウケる技術❻ 映像化　298

ケース3　逆境をメールで挽回する！　301

メールでウケる技術❼ 押し引き　304

メールでウケる技術❽ かっこ　305

ひととおり読み終えた方へ　308

付録　「ウケる技術」チェックリスト　310

本書の特長と使い方

本書はケーススタディ形式で構成されています。18のケーススタディを、各ケースに応じた戦略とウケる技術でサンドイッチしています。1つのケーススタディは、以下のパッケージとなっています。

ウケるためのスタンス　**戦略**
↓
各ケースでの典型的な失敗例　**Before**
↓
転換点としての **このケースの考え方**
↓
戦略とウケる技術を駆使して改善された **After**
↓
After で使用した、ウケるためのテクニック　**ウケる技術**

逆境を乗り越え、相手に食い込むためには、コミュニケーションをかたちづくる2つの要素、戦略と技術、両方の見直しが不可欠です。**戦略**とは、相手に心を開かせ打

ちとけるために、どういう構えでいくべきか、会話に臨む際のスタンスを解説したもので、全部で7つあります。トークという戦いに挑むにあたっての大きな考え方である**戦略**のもとに、笑いをとるための1個1個の武器・テクニックがあります。これを**ウケる技術**と名づけ、全部で40あります。個々の技術は汎用的なものであり、どの戦略のもとでも使えるものですが、それぞれもっとも結びつきが強いと思われる戦略に配しています。本書は抽象的なスタンスにも具体的なテクニックにも偏らない、**戦略**と**ウケる技術**の2本立てによる、コミュニケーション・スキルの総合的な向上をねらっています。

「はじめに」でもふれましたが、本書で扱うコミュニケーション・スキルは、ふだんの日常会話に、「笑い」という付加価値を加えることで――要求を聞き入れてもらったり、良好な人間関係を築いたりといった――自分の欲望をかなえる、という基本方針に立ったものです。

だれでも、相手との相性がよく、歓迎ムードであるとき、ハマったときは、調子よくなることができるし、イケイケになれるものです。**悩ましいのは、通したい欲望があるにもかかわらず、テンパってしまいがちなシチュエーションでしょう**。そこで本

本書の特長と使い方

書では、読者にとって「逆風」または「無風」と感じられるシチュエーションばかりを取り上げています。あるいは客観的に見てそうでなくとも、当事者には逆境と感じられてしまう場面。読者の方々の悩みが切実だろうと思われる18の**ケース**を精選しました。

各ケースでの典型的な失敗例が **Before** です。あるある、身につまされる、と思っていただけたら、あなたは本書にうってつけのターゲットでしょう。その時、どういう発想の切りかえをすればよかったかを、Before 末尾に**発想のターニングポイント**として1行にまとめています。ウケる人に生まれ変わるためのヒントです。

このケースの考え方は、Before と After の間に挿入されています。Before のようにツライ思いをしてきた読者の方々が、After のようにストレスを感じることなく状況をしのぎ、コミュニケーションの楽しさを感じられるに至るまでの、転換点として位置づけています。読み物としても楽しんでいただけるように、**After** はいささか現実離れした、ハイリスク・ハイリターンな会話となっています。現実のコミュニケーションはアドリブですから、After の一言一句をマネてもあまり意味はありません。

ベースに流れるスタンスを学んでください。

ウケる技術は、基本的で頻出する技術だけを厳選しました。身の安全が保証されている紙の上では多くを理解できたとしても、**テンパっている「戦場」で思い出すことができるのはせいぜい一つか二つの技術です。**想起しやすいシンプルなものとなるよう、ウケる技術の説明には1行の定義とチャート化したイメージを用い、簡略化しています。これらの技術は一見「ベタ」に見えるかもしれません。そんなこと知ってるよと思われる方もあるかもしれません。しかし、アタマではわかっていても実践するのとしないのとでは天と地の開きがあります。もう一度「復習」し、実際にくりかえし使ってみることで、コミュニケーション・スキルは見ちがえて向上するでしょう。

使い方のポイントとしては、本書を一度通読する際に、「本を読む前からすでになんとなくできていること」と、「今までできていないこと」、これは身につけたいなあと思うこと」を、自分の中で色分けする気持ちで臨むことです。そして「できていないこと」だけを、一つずつつぶすスタンスでスキルアップを図りましょう。「できていないこと」を、**本の外つまりコミュニケーションの現場で意識し、実際にくりか**

えし使ってみること、この心がけが大切です。

戦略については、とくに自分に欠けていると思われる戦略だけをくりかえし読む→現場で意識したトークをする→該当部分を読み直す、という反復作業を重ねることで、すべてをマスターすることができます。

ウケる技術については、全部を使いこなせるようになる必要はありません。巻末にあるチェックリストで、自分がとくに身につけたいと思う技術だけ、チェックを入れてみてください。

ウケる技術の身につけ方

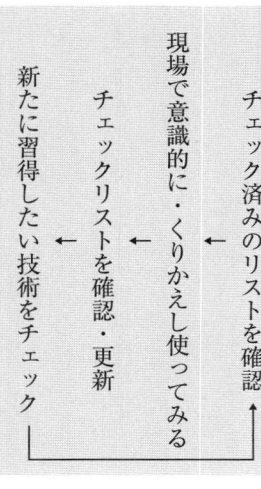

チェック済みのリストを確認
↑
← 現場で意識的に・くりかえし使ってみる
← チェックリストを確認・更新
← 新たに習得したい技術をチェック

右のような反復作業を重ねるうちに、一つずつ得意技術としてカラダにしみついてきます。すべての戦略のマスターと、一つ一つの技術のストックから、確かな「ウケる」自信がついてくるでしょう。

さっそく、ケーススタディのひな形として、最初にケース0を見ていただきます。このケースは異色なものでありながら、その後に続くケースの基本となる考え方を含んだ重要なものです。それでは、始めましょう。

ウケる技術

ケース0　しょうがない上司の味方になってあげる!

Before

（居酒屋にて）

部下：料理来ないですね。

部長：そうだな……。よし！　オレが厨房で料理作らせてもらうわ！

（席を立とうとする）

部下：そんなことしなくていいですから。（苦笑いする部下）

部長：すみませーん！

（女の店員を呼びとめる。名札には加藤と書かれている）

頼んだ料理が来ないんだけど。

料理の追加もいい？　えっと「軟骨のから揚げ」と「湯豆腐」あとメニューに載ってないんだけど「加藤ちゃんのストッキング」いくら？

部下：またセクハラですか？

部長：……。（こいつといるとテンション下がるわ……）

ケース 0

>>> **発想のターニングポイント**

そのツッコミは、「ツッコミサービス」になっているか?

このケースの考え方

「**ウケる人**」になるためには、「ツッコミ」の本質的な理解からはじめる必要があるでしょう。「何を今さら、『ツッコミの本質的な理解』って。サムいよこの本!」と思われた方がいるかもしれません。これは最初にことわっておくべきことでしたが、コミュニケーションを生真面目(きまじめ)に考える本書では、どうしてもサムくならざるをえない箇所があるのです。

「ツッコミ」というものを、テレビで見るような、たとえば「意味わかんねーよ!」などと乱暴に言うだけの、表面的なイメージでとらえてはいないでしょうか。大げさに聞こえるかもしれませんが、「ツッコミ」の認識を新たにすることが、ウケるコミュニケーションの扉を開けることになります。

さて、このケースでは、相手がよくしゃべります。しかも、ウケをねらっている。

あなたの課題は、そんな相手のよき聞き手となってあげることです。よき聞き手となるには、相手に対し「あなたは今面白いことを言った、賛同していますよ」というアピールが欠かせません。そのことを私はよく理解していて、賛同していますよ」というアピールが欠かせません。それを与えられることによって相手が安心と手ごたえを得て、さらに気持ちよく話をすることができるようなリアクションが必要です。タイミングよくうなずき、「そうですよね」という無難な合いの手を入れる、それだけでは同調しつつ流しているだけで、充分によい聞き手であるとは言えません。

「あなたは面白い」「あなたはこれこれという点で面白い」、さらには「あなたは気づいてないかもしれないけど、今こんなにも面白いことを言った」というように、表面上は相手を責めたり攻撃したりするトーンであっても、ベースには相手が「おもしろいことを言っている」部分をくまなく拾ってあげようという気持ちがあること。**相手を「立てる」サービス精神のあらわれ**こそが、ツッコミにほかなりません。ツッコミとは「ツッコミサービス」でなければならないのです。

これから本書が取り上げる17のケースは、あなた自らが先手先手と働きかけ、能動的に相手をリードしていく、パフォーマー、あるいはプレーヤーの役目を果たさなけ

ればならない、そんなケースのオンパレードです。スキル面でもメンタル面でも、「よき聞き手に回る」こと以上に、難易度の高いケースばかりでしょう。しかし、どのような状況——あなたがボケ役になろうがツッコミ役に回ろうが、笑わせようが笑われようが——におかれても、**相手のハートをつかむコミュニケーションは、徹頭徹尾サービスである**ということ。この前提を念頭に置いて、会話に臨んでください。

After

部下：料理来ないですね。

部長：そうだな……。よし！ オレが厨房で料理作らせてもらうわ！

（席を立とうとする部長）

部下：（部長を止めて）**部長が厨房でトントンやってる絵は見てみたいですけど！ ここは板前さんを信頼しましょうよ。** ウケる技術❶ ツッコミ

部長：さては……お前……。オレの料理の腕を疑ってるな？ やっぱ厨房行ってくる！

部下：**板前さんと張り合わなくていいですから！** ウケる技術❶ ツッコミ

部長：すみませーん。

（女の店員を呼びとめる。名札には加藤と書かれている）

頼んだ料理が来ないんだけど。えっと「軟骨のから揚げ」と「湯豆腐」あとメニューに載ってないんだけど「加藤ちゃんのストッキング」いくら？

部下：**勝負師だなぁ。** ウケる技術❶ ツッコミ

店員：ストッキングは5000円になります。

部長：加藤さん、ノリいいですねぇ！　ウケる技術❶ ツッコミ

部員：……しかも5000円は値段的に、リアル！　ウケる技術❶ ツッコミ

部長：(財布を見ながら) ……3000円じゃダメかな。

部下：**部長、ネゴシエーションは加藤さんに失礼っす！**　ウケる技術❶ ツッコミ

店員：(ストッキングを下ろそうとする)

部下：ちょっと……ディスカウントきいちゃったよ！　加藤さん、あなたも自分を**安売りしちゃダメ！**　ウケる技術❶ ツッコミ

部長：お前、いいツッコミもってるじゃないか。そういうとこ仕事に生かせよ。

部下：**……ボクたち経理部なんスけど！**　ウケる技術❶ ツッコミ

ウケる技術❶

ツッコミ

例

少年「この辺りにワンルームを借りたいんです」
女性**「そこは海ですね」**

ツッコミの定義

相手の面白さに気づいて拾う

相手がこちらを笑わせようとしている場合、**話の腰を折らずにノッていきましょう**。

また、相手が意図していない場合（いわゆる「天然」）は、**本人が気づいていない面白さを明らかにしてあげましょう**。

例①
A：「よくできたヅラですね」って言ったら校長先生マジギレしちゃって。ソッコーで逃げたけど。
B：×オマエ、ダセーよ。オレならヅラとっちゃうよ。
○**まさにヒットアンドアウェイ**だね。
（相手を持ち上げる形で面白さを拾っている）

例②
部長：じゃあ今から二人で温泉行こうか？（おどけて）
女：×こわ〜い。
○**部長、「ステップ」ってものがありますから。**
（オヤジギャグにノリつつ、ツッコミを入れている）

例③
（飲み会の席で）
A：みんな、今日は僕のために集まってくれてありがとう！

一同：……。（サムい空気が流れる）
B：×お前、サムいよ。
○**すみません、注文いいですか？**（店員に向かって）
（暗にサムいということにツッコミを入れている）

ウケる技術⑩ 切りかえ

ポイント

相手の話にいつもノッてしまう癖のある人は、相手をたたくツッコミも使い分けること。

例 （ディスカウントショップで）
男：何でも買ってあげるよ。なんならフロアごと買うし。
女：△買えるよね。君なら買えるよね～。 ※男は拍子抜けしてしまう。
○**そういうセリフはヴィトンとかで聞きたいわ。**

戦略1
ガイジン化

戦略1　ガイジン化

この戦略が有効なケース

ビジネスや恋愛における、おもに初対面の場面。

ある大手メーカーで働くAさんの話です。

Aさんは同僚の紹介で、業界関係者が集まるパーティに出席しました。その席で見覚えのある人を見つけました。それは、先日エコノミー誌で取り上げられていた出井（いでお）出男氏だったのです。

A：（あ、あれは経営界のスター、出井出男じゃないか。彼と仲良くなっておけば、オレが今の会社を辞めて、彼に引っぱり上げられるという展開もあるかもしれないぞ。ここは絶対名刺交換しておくべきだ。……しかし、オレは一介のリーマンにすぎない。オレなんかが話しかけても出井（いでい）氏にシカトされるだけなんじゃないか……）

そんなことを考えて迷っている間に、パーティは終わってしまいました。

「せっかくのチャンスを！」

Aさんはその日の夜、布団にくるまり自己嫌悪に陥ったのです。

さて、Aさんとは対照的に、パーティ会場で出井氏に果敢に攻め入った人がいました。Bさんです。

出井：……。
B：**出井さんですよね！**
出井：そうですけど。
B：**見ました！ エコノミー誌！「デフレ期のコーポレートブランド戦略」の部分にかなり影響受けまして、一度お会いしたいと思っていたのですけど！ いや、あのご提言はすばらしかったです！**
出井：……。

ハイテンションでまくしたてるBさんに、出井氏は少々ひいていたようです。それを見たBさんは動じることなく、

B：**すみません。ボク一方的に話してますけど、興奮するとこうなってしまうんです！**
出井：アハハハ。いいよ、気にしなくて。私はね、若い人と話すの結構好きなんだ。
B：**そうなんですか!? じゃあイデたん、今度合コンでもする？**
出井：……。(なんだコイツ、なれなれしいな)
B：**す、すみません。出井さんと仲良くなりたくて思いきってフランクに呼んでみましたけど、完全に裏目に出ました！**

出井：アハハハ。

こうして、とくに肩書きがあったわけではないBさんでしたが、ユーモラスなトークを展開し、仲良くなるきっかけをつかむことに成功しました。最終的にBさんは出井氏と昼食の予定を入れるまでに至ったのです。

AさんとBさんの違いは、どこにあるのでしょう。

著名人に話しかけたいという同じ気持ちを持ちながら、Aさんは終始、素(す)の状態のままでいたのに対し、Bさんは少し大げさに感じられるぐらいにテンションを上げ、最初の一声をかけることに成功しました。その後も勢いを保って、相手とフランクに会話することができました。思いのたけはどうあれ、相手に相対したときのテンションの高さが、結果の違いをもたらしたのです。

とくに初対面のケースでは、ウケるための前提として、この、テンションが上がっている状態が不可欠です。これを、本書では**ガイジン化**と呼ぶことにします。

「ガイジン化」の特徴としては、

① **声が張っていること**
② **リアクションが大げさで明快であること**
③ **表情が過剰に豊かであること**

この三つが挙げられます。

声・表情・アクション、この三つに気をつけ、素の状態にウケるための臨戦態勢に入ることができます。

これだけで、あなたは即座にウケるためのテンションを底上げする**ガイジン化とはつまり、ノーマルの状態からモードを切りかえること**です。ガイジン化することです。ドアを開けるときや離席から戻ってきたときをきっかけにして、ひとたび声・表情・アクションをチェンジしさえすれば、相手に対し「私はあなたに愛情、興味、サービス精神がありますよ」ということをアピールできるのです。逆を考えればこのことは明らかでしょう。モードを切りかえず、自分のカラにこもったままの状態だと、声がぼそぼそと小さく、無表情になりがちです。このような人に対してたいていの人は好感を持ちにくい。

この**ガイジン化は、これから述べるすべてのウケる戦略と技術の基礎になるもの**です。ウケるコミュニケーションのいわば原点ですから、つねにここに立ち返るように

してください。

一方、Aさんが声をかけられないのは、さまざまな要因があるでしょう。「自分はあんな有名人に声をかけるに値しない人間なんだ」や、「声をかけて失敗するのではないか」といったコンプレックスや、「声をかけて失敗するのではないか」といった不安・気おくれなど、メンタル面の要因があることは想像がつきます。これらの問題については心理学的な立場からコミュニケーションを考察している書物にまかせるとして、本書ではテクニックで解決する方向で考えます。

Aさんが声をかけられない要因のひとつは、過度に結果をおそれていることがあります。意を決して声をかけて、へんな空気を作ってしまうのではないかと。空気を読みすぎるタイプの人だといえるでしょう。

それに対してBさんは、最初に声をかけた後で、「すみません。ボク一方的に話してますけど、興奮するとこうなってしまうんです！」と興奮した自分に対してツッコミ（**ウケる技術❻ 自分ツッコミ**）を入れたり、「す、すみません。出井さんと仲良くなりたくて思いきってフランクに呼んでみましたけど」と**ウケる技術❼ 下心**でケアして声をかけたときに、場の空している。Bさんは、自分がガイジン化したテンションで声をかけたときに、場の空

気が変質することをあらかじめわかっており、それに対処する方法を持っていたので す。この点で、AさんはBさんから学べるものがあるでしょう。後で取り上げる**ウケ る技術❻ 自分ツッコミやウケる技術❼ 下心、ウケる技術❽ カミングアウト**を知っ ていれば、**失敗はむしろチャンスだと考えることができ、声をかけることのハードル は、ぐっと低いものになります。**

出井氏との会話でBさんが使っている技術は、これだけではありません。次の箇所 に注目してください。

> 出井：アハハハ。いいよ、気にしなくて。私はね、若い人と話すの結構好きなんだ。
> B：そうなんですか!? **じゃぁイデたん、今度合コンでもする？**

Bさんはガイジン化をベースにして、定石通りのヨイショをした後、ちょっと普通 の初対面では考えられない、一見リスキーなセリフを口にしています。これは、目上 の相手に対し、タイミングを見計らった上であえて友だち感覚で話しかけ、急速に相 手の懐(ふところ)に飛びこむ技術（**ウケる技術❽ タメ口**）です。

ビジネスの場面ではフォーマルな空気を意識するあまり、会話があたりさわりのな

いものになってしまうことが多いのですが、無難な会話では相手のハートをつかむことはできません。毎日通って徐々に信頼関係を築くことができるケースならばともかく、短時間で勝負しなければならないケースでは、「ふつうの人」で終わる可能性が高いのです。とはいえ、打ちとける前に相手の懐に飛びこもうとすることは、リスクをとって、なれなれしいと感じたり警戒したりして、一定のリスクを伴います。リスクをとっても、関係を前に進めなければならないのと同時に、たんにリスクをとるだけでは、失礼な人間音痴にしかならないというジレンマがあるのです。

重要なのは、「肉をとったら野菜もとろう」ではありませんが、**リスクヘッジをしつつ、リスクをとること**。センシティブに空気を読みつつ、あえてぶしつけで行くこと。**「気づかい」と「踏みこみ」**、この二つが**トークの両輪となって強いコントラスト、高いバランスで機能していること**です。意識しているかどうかは別として、コミュニケーション・スキルが高いと思われている人には、共通してこのバランス感覚が身についています。

リスクヘッジの方法は、P33で挙げた「何かを言った後に、空気を読んで付け足していく」タイプのものを含めて、次の3つの考え方があります。

戦略1　ガイジン化

事前のリスクヘッジ　ウケる技術❹　前置き

事前にことわりを入れた上で、相手が不快感を感じる可能性のある本音、リスクのある言動をとる方法。

例　こんなこと言うの100年早いですけど、先輩、プライベートではけっこうダメ人間ですよね。

同時のリスクヘッジ　ウケる技術❺　分裂

リスキーなことを言ううまさにそのときの表情・アクションで、両義性を持たせ、バランスをとる方法。

例　すみません。ビンタしていいですか？（笑顔で）

事後のリスクヘッジ　ウケる技術❾　恐縮

リスキーな言葉の後に、相手の反応を見て必要と判断した上で、フォローを入れる方法。

例
　先生：ワシは女の子の魅力は足の形で決まると思うんだよ。
　A：いやぁ、先生は相当の変態ですね。
　先生：……。(ムッとした表情)
　A：いや、「変態」と「天才」はほとんど同じ意味ですからね。ヘンタイ、テンサイ……うん、語感も近い！

(NG例文)
　A：いやぁ、先生は相当の変態ですね。すみません。言いすぎました！
　※出した手をすぐに引っこめてしまっている。相手に刺さらないどころか、自信のなさが伝わってしまう。

「事後のリスクヘッジ」で注意したいのは、相手の顔色をよく観察しながら適宜取っていくべきだということです。最初のリスクのある言葉で、相手が不快感を表さず、反応よくキマッたのであれば、それは相手に「食い込んだ」サインと受け取って、必ずしもフォローする必要はないわけです。つまり、**フォローするもしないも相手の反応しだいだということです。**

引っ込み思案タイプの人は、空気を読める、いや読めすぎてしまう人だと考えられます。つまり、コミュニケーション・スキルが潜在的に高い可能性があるのです。リスクヘッジの技術をしっかりと身につけた上で、意識的にガイジン化できるようになれば、絶妙に「地雷」が踏める、すぐれたコミュニケーターにバケる資質を秘めていると言えます。

ケース1　お偉いさんのフトコロに飛びこむ！

Before

友人：紹介するよ。M商事の取締役、鬼頭さん。

鬼頭：どうも。鬼頭です。

鈴木：あ……初めまして、鈴木と申します。（コワい感じの人だなぁ……）あっ、あの、今名刺を。（あせって名刺入れを取り出そうとする）

鬼頭：よろしく。（名刺を差し出す）

鈴木：でも取締役ですよね。すごいですよね。

鬼頭：そんなことないよ。

友人：（携帯が鳴る）すみません、ちょっと席外してもいいですか？

鬼頭：ああ、かまわんよ。

鈴木：……。（二人きりになっちゃったよ。どうしよう……）

（お互いに口をきかず、会話にへんな間ができる）

戦略1　ガイジン化

鬼頭：……鈴木くんは、会社のどの部署だっけ？

鈴木：人事部です。

鬼頭：N物産の人事部か……。山内って知ってる？

鈴木：いや……よくわからないですね。(あいつ、早く戻ってこないかな……)

鬼頭：なんだ、知らないのか。(なんだこの無愛想なヤツは……)

>>> 発想のターニングポイント

逃げようとすればするほど、噛(か)みつかれる。

このケースの考え方

バイト先や職場といった、長いスパンで培(つちか)うことができる人間関係とは違って、短時間で「人とは違う」あなたを印象づける必要があるケースです。

相手がお偉いさんだけに、ひるまず攻めること。 これだけで、たいていの人が話し

かけづらいと思っている相手にとって、充分なアピールとなるでしょう。人脈を築いてのし上がってきた人たちは、前に出る度胸を普通の人以上に買ってくれる傾向があります。顔も広いし、器も大きい。飛びこむことの勝算は大きいのです（ただし、自分と同じぐらいの歳の先輩やお客さんには、微妙な上下関係をクリアにするという意味でしっかりと敬語を使っておいた方が安全です）。逆に、逃げようとすればするほど、噛みつかれてしまう。

とはいえ、「わかっているけど踏み出せない」のが現実です。どんな小さなものでもいいので、コミュニケーションの成功体験を1個1個積み上げていくことが大事です。過去にくりかえし成功した経験のあるフレーズや挨拶が一つか二つあれば、ウケるかどうかは別として、それを足場にお偉いさんのフトコロに飛びこむことができます。反対に、相手を注意深く観察したり「何を言ったらいいだろうか？」と躊躇したりして、**へんな間ができてしまうのは避けたいところ**。場を盛り下げるし、何より自分のテンションを下げてしまいます。こうなってしまうと、手も足も出なくなってしまう。

「行かない」ぐらいなら、スベッたり、相手の気分を害したりした方がまだはるかに前進しているということです。具体的なリスクヘッジの技術については戦略1に述べ

戦略1　ガイジン化

たとおりですが、スべること、ハズすことが次の笑いを生むきっかけ、たたき台になるんだという前向きな考え方を習慣づけましょう。

After

友人：紹介するよ。M商事の取締役、鬼頭さん。

鈴木：**鬼頭さんですか!?　M商事のカルロス・ゴーンと呼ばれている、あの鬼頭さん！**　ウケる技術❷　建前

鬼頭：ワザとらしいな、君は。

鈴木：はい！　**言葉に心がこもってないってよく言われます！**　ウケる技術❻　自分ツッコミ

友人：こんなヤツなんですけど、仕事はデキるんですよ。

鈴木：あ、申し遅れました。私N物産の鈴木健二と申します。

鬼頭：鬼頭です。よろしく。

鈴木：しかし鬼頭さん、名前のわりに笑ったとき、七福神みたいになりますよね。

鬼頭：うるさいよ。（おどけながら）

鈴木：でも、エビス様というよりは、人相が……。

鬼頭：人相が、なんだよ。

鈴木：今だから告白しますけど……　ウケる技術❹ 前置き
　　　最初見たとき、そちらのスジの方かと思いまして。

鬼頭：……。

鈴木：いや、その……あれです！　ゴッドファーザー的な風格があるということで
　　　ございます！　ウケる技術❾ 恐縮

鬼頭：しかし、よくしゃべるね君は。

鈴木：ええ。無理やりしゃべって緊張をまぎらわせてるんです。鬼頭さんの迫力に
　　　飲まれそうなんで。　ウケる技術❸ カミングアウト

友人：（携帯が鳴る）すみません、ちょっと席外していいですか？

鬼頭：ああ、かまわんよ。

鈴木：できるだけ早く帰ってこいよ。早くしないとオレと鬼頭さん盛り上がっちゃ
　　　って、お前の入るすき間はなくなってるよ。　ウケる技術❼ 下心

友人：……ホント、失礼のないようにな。

鈴木：当たり前だろ、オレはこうみえても空気を読める男……鬼頭さん、ウザかっ
　　　たらウザいって言ってくださいね。　ウケる技術❻ 自分ツッコミ＋ウケる技術㉔ 裏切

り

鬼頭：大丈夫だよ。で、鈴木君は会社でどの部署にいるんだっけ？

鈴木：人事部です。

鬼頭：N物産の人事部か……。山内って知ってる？ ボクのかわいがってるヤツで山内っているんだけど。

鈴木：くそっ、山内め！ **鬼頭さんの寵愛を一身に浴びやがって！ 実は、その山内さんて人全然知らないんですけど。** ウケる技術❷ 建前

コミ＋ウケる技術㉔ 裏切り

鬼頭：なんだ知らないのか。

鈴木：そうなんです。知らないんです。**でもこの瞬間から要注意人物リストに入れておきますよ。……正直、鬼頭さんにかわいがられたいんです、ボクも！** ウケる技術❻ 自分ツッコミ＋ウケる技術❼ 下心

鬼頭：アハハハ。

ウケる技術❷

建前(たてまえ)

例

子 「(これ、ほしかったヤツじゃないんだけどな……)」
親 「どうだ? うれしいだろ〜」

子 **「これいい! 超、いい!
このエントツとか超リアル!」**

戦略1　ガイジン化

建前の定義

思ってもいないことをオーバーに言う

ガイジン化したテンションで思ってもいないことを言う技術です。

例　女：ねぇ私の話聞いてる？　興味ないの？
　　男：……
　　○**興味あるって！　で？　で？　で？　それからどうなったの！　うわぁドキドキするなぁ！**（あからさまに興味を示す）

ポイント

本音も建前のように言うと、気持ち悪くなく伝えることができる。

例　×男：君、キレイだよね。（相手の目をみつめながら言う）
　　女：（なんかカン違いしてない？）
　　○男：**君、ホントキレイ……今、過去に見た女全部頭の中でシミュレーションしてみたけど、一番君がキレイだった！**
　　女：アハハ！　ウソくさーい！

イメージ

| 大丈夫。
ちゃんと電話するって。 | ➡ | 絶対電話するから！
食費削ってでも、
電話代だけは払うから！ | ウソ
くさい
ワザと
らしい
大げさ |

感情のこもってない気のないセリフ　　感情をこめすぎたセリフ

ウケる技術❸

カミングアウト

例

男「ゴメン、ちょっと待ってて。
トイレの水流し忘れた！」

カミングアウトの定義

自分のはずかしい部分を告白する

口に出すとはずかしい①**エピソード**、②**感情**を暴露しましょう。相手はあなたに対する警戒心を解きます。また、自分をさらけ出すことで気持ちが楽になるというメンタル面のメリットもあります。

例
A：君、ダンディだよね。
B：×そんなことないよ。
○でしょ！ この前もオヤジじゃないのにオヤジ狩りされちゃって！

ポイント

他人に言われてイヤなことを、卑屈にならず明るく切り返せるようにすること。

例
×A：お前、最近どうなの？ 仕事の調子は？
B：いや、実はあんまりうまくいってないんだよね（ガックリと肩を落とす）

○A：お前、最近どうなの？ 仕事の調子は？
B：いやぁ、クビでしょ。このままだと確実に！ もう会社に俺のデスクないからね。今、俺の職場、漫画喫茶よ。昨日なんて『タッチ』全巻完パケたし！

ウケる技術❹

前置き

例

右 「ウチの母ちゃんさ、最近急にキレイになっちゃってさぁ」

左 「お前をヘコませたくて言うわけじゃないけどさ……それ、浮気だ」

前置きの定義

後に続くセリフの心の準備をさせる

場が冷めたり、相手の気分を害したりする可能性のあるセリフに対してあらかじめ言い訳をすることです。後に続くセリフが笑いとともに受け入れられる可能性が高まります。

例　男：こういう企画会議では人の案にダメ出しするのはよくないと思うんだけど、さすがにそれ却下！

ポイント
言いづらいことに対して予防線を張ること。

例　(こいつの口臭きついなあ。でも言いづらい……)
これ、本当に気を悪くして欲しくないんだけど君の口、芳醇(ほうじゅん)な香りがする。

イメージ

(会議中に)なんか眠くなってきたな	➡	本当に申し訳ないけど正直に言います	＋	超、眠い！
言いたいけど言いにくいこと		前置き		言いたいけど言いにくいこと

戦略1　ガイジン化

ウケる技術❺

分裂
ぶんれつ

例

> よっしゃー！
> 飛び込み営業失敗
> 500回達成！

分裂の定義

ふつうと逆の言い方で言う

たとえば、「お前、最低だな」と相手に対してダメ出しするときはいらだった態度になるように、本来、言葉の内容と態度は「連動」しています。このセリフと態度のセットを意図的にあべこべにしてしまうことです。

セリフと言い方が逆

笑顔で
「殴りますよ」
「君、ホメるところほとんどない!」

シリアスに「昨日、久々におねしょしたんだ……」

セリフと態度が逆

「フランス料理はマナーにとらわれたらダメなのさ」(手をブルブル震わせながら)

「別に、お金とかそういうんじゃなくて……」(目の前に置かれた札束をくわっと凝視する)

ウケる技術❻

自分ツッコミ

例

男の子「あった、あった、これこれ『夜這い』……
**まだ早いな。
オレたちにはまだ早い！」**

自分ツッコミの定義

行きすぎた自分にツッコミを入れる

過剰な言動をした人が、冷めた目線で自分にツッコミを入れるというギャップがポイントです。ギャップを演出するために、まずは思いきって過剰になりましょう。

例：
いやぁ……君とは初めて会った気がしないなぁ。
……なれなれしくてすみません！

ポイント
基本的に、相手の反応を見てから使うかどうか判断すること。

NG例
男：いやぁ……君とは初めて会った気がしないなぁ。
女：私も！
男：なれなれしくてすみません。
女：(え？　別に謝らなくていいのに)

イメージ

| 今回のテスト絶対100点だわ。……。(サムい空気が流れる) |

↓

| 今回のテスト絶対100点だわ。……。 |
↳ 言ってみただけ！　言ってみただけ！

ウケる技術❼

下心
した ごころ

例

男「ちょっと剃り残しておくことで、『やっぱりこの人私がついていなきゃダメね』と言わせる……これだ!」

戦略1　ガイジン化

下心を口に出してしまう

下心の定義

相手が喜ぶ下心（あなたが好きだ、など）はもちろんですが、相手が警戒する下心（買ってほしい、など）も、思わず口に出してしまったという演出で口にすれば笑いになります。

例
女：『パッチギ！』観た？　超面白かったよ。
男：×しまった。観ておけばよかったなぁ……
　　○しまった！　『パッチギ！』観てたら会話盛り上がったのに！

ポイント

かりに相手の反応が悪かったとしても、踏み込むこと。

A：（予算案を出しながら）これくらいでどうですか？
B：いやあ正直もう少しいただけたらと。
A：でもウチもギリギリなんで。（ムッとした表情で）
B：そのギリギリなところを出していただいたってことで、ギリギリまで頑張れますから。お願いします！　ウケる技術⓫　詭弁(きべん)

イメージ

会話「君、彼氏いるの？」
内心「仲良くなりたいなぁ…」
「僕は気にしないタイプ？」
→
会話「仲良くなりたい！」

欲望が口に出せないイイ人　　　はしたないけどアピールがある人

ウケる技術 ❽

タメ口

例

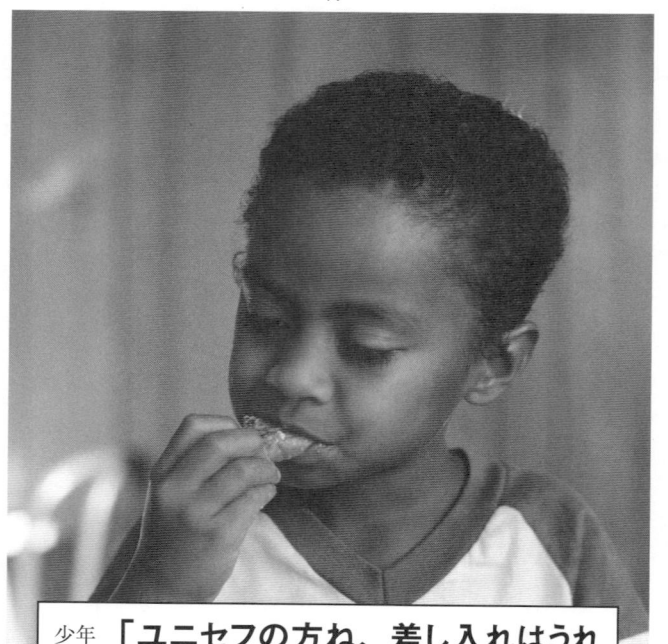

少年「ユニセフの方ね、差し入れはうれしいんだけど、なんて言うのかな、こう……塩味がね、足りんのよ」

タメ口の定義

目上の人に友だち感覚で話しかける

初対面の人や目上の人に対して友だち感覚で話しかけること。

例
（部長が閉店後のキャバクラでごねている）
部下：おっさん、おっさん！　帰るよ！

ポイント

タメ口だけでキマッた場合、さらにタメ口をかぶせて距離をつめるのも有効。

例
（社長との食事中、社長がグラスを床に落とした）
A：社長！　言ったでしょ！　グラスは机の端においちゃダメって！
社長：オフクロみたいなこと言うな君は！
A：やっぱり社長にはオレがついてないとダメだなぁ。

イメージ

自分 →相手
「君、スゴイですねー」

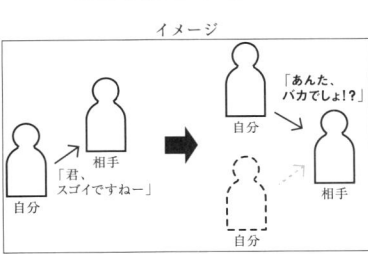

→

自分　　「あんた、バカでしょ!?」
　　　↘
　　　　相手

自分

ウケる技術 ❾

恐縮

例

女「これもらっても付き合うのは厳しいですけど大丈夫ですか？　付き合えませんよ、大丈夫ですか？」

戦略1　ガイジン化

極端に下手に出る

恐縮の定義

ウケる技術❽タメロとセットで使うだけではなく、隠してしまいがちな相手への恐怖心もデフォルメして演じることで笑いになります。

例（相手が椅子に座る前に、ついてもいないほこりを何度も払い）
ささ、玉座(いす)がご用意できました！

ポイント

媚びている感じをなくすために、やりすぎること。

例
×女性を守るために歩道側を歩かせる
（女性は喜ぶこともあるかもしれないが、場合によっては気持ち悪くなる）
○女性を守るために、歩道に地雷が埋まっていないか点検する
（やりすぎた感じがいい）

イメージ

```
    タメロ
 ┌─────────────┐
 │ ⬭           │
 │ 自分  頭をはたく │
 │      ↘      │
 │  ⬭    ⬭    │
 │        相手  │
 │      ↗      │
 │ ⬭  土下座する │
 │ 自分         │
 │      恐縮    │
 └─────────────┘
```

ケース2 イカツい若者を鎮める！

Before

（居酒屋で大騒ぎしている集団がいる）

集団：ギャハハハ、超ウケんだけど、超ウケんだけど！

店長：おい、あそこの客うるさいって他からクレーム来てるからさ、おまえちょっと黙らせてきて。

店員：……はぁ。（なんでオレが……）

（集団に近づく店員）

店員：あの、他のお客様のご迷惑になりますので……。

集団：それでさぁ！（シカトする）

店員：……あの、他の……。

集団：あ？ うっせーんだよ、お前。

店員：……。

戦略1　ガイジン化

》》》 発想のターニングポイント

用件を言う前に、踏むべきステップがある。

このケースの考え方

このケースはまさに「政治力」が問われるケースです。

人間の思考には、「タスク志向」「ヒューマン志向」という大きな二つのベクトルがあります。**タスク志向とは目的や課題を重視する傾向、ヒューマン志向とは人間関係を重視する傾向**のことです。一人の人間は二つのベクトルをあわせ持っているわけですが、そのバランスはどちらかに偏（かたよ）っているものです。どちらかに偏りすぎると、コミュニケーションに齟齬（そご）をきたしてしまいます。人を動かすには、二つの志向のバランスを意識する必要があるのです。

のっけから用件を切り出すのがマズいのは、ヒューマン志向、つまり人間関係レベルのケアが欠けているからにほかなりません。打ちとけていない相手に対して、ムシ

のいいお願いを聞き入れてもらうためには、**おみやげなり雑談なりのヒューマン志向なケア、ニンゲンくさいサービスが必要になります**。しかし、とくに男性に言えることですが、この用件を聞き入れてもらわなければ、と思うほど、**余裕を失ってタスク志向のワンモードになってしまうことが多い**のです。相手と打ちとけ、まず仲良くなること、こうしてほしいああしてほしいという話は、関係ができたあとのこと。ある課題を実行しよう、クリアしようというときほど、ヒューマン志向な気づかいを盛り込むようにしましょう。

After

店員：あの……こんなこと言うと、殺されるかもしれませんけど……。 ウケる技術

❹ 前置き

集団：何？

店員：もう少しボリュームを下げていただけたらな、と。

あ、いえ、盛り上がっていただくのは全然構わないんです。 ウケる技術❾ 恐縮

集団：あ？ なんなの？

店員：うわぁ、オレ。確実に殺されるわ……。

こんな時給800円じゃ割に合いませんわぁ。（独り言めかして） ウケる

技術❸ カミングアウト

集団：なんだ、こいつ？

店員：みなさんは、あれですか？ この辺一体をシメてる『チーム』の方ですか？

ウケる技術❾ 恐縮

集団：『チーム』？……おい、『チーム』だってよ、ギャハハハ！（バカにして）

店員：よし。よくわからんけどウケた！（ガッツポーズ） ウケる技術❼ 下心

集団：コイツ、変だよ！

(店員をみんなでいじるモードに切りかわっている)

集団：ねぇ、あんた年いくつ？

店員：22です。

集団：オレとタメじゃん。

店員：なんだ、タメかよ！　早く言ってよ、もう、そういうことはさっ！（笑顔で気軽に相手の肩をはたく　ウケる技術❸　タメ口

……ちょ、**調子に乗ってすみません！**　ウケる技術❻　自分ツッコミ

集団：で、何？

店員：いやはや、少しボリュームを絞っていただけるとありがたいなぁと思いまして。

集団B：じゃぁ、ここの飲み代おごって。

店員：**おごり……たいです。**　ウケる技術㉔　裏切り

でも、ボクは通りすがりのバイトなんです。時給800円なんです。（泣きそうな顔で）　ウケる技術㉘　天井

集団：なんだ、使えねー。

店員：……すみません。でも！　2カ月後来てください。オレ、店長までのぼりつ

めますから。必ずや店長になってみなさんの飲み代タダにしてみせますから！　ウケる技術㉝　強がり

集団：アハハハ！　マジで!?

店員：ええ。あの武田店長をトップの座から引きずりおろしてみせます。(厨房に向かって) 聞いてんのか！　武田！　ウケる技術⑧　タメ口＋ウケる技術⑩　切りかえ

集団：こいつ、店長にタメ口だよ。(笑)

店員：というわけで、今のボクにできることは、このテーブルをキレイにすることくらいなんです！ (過剰にすばやい動きでテーブルを拭(ふ)く)　ウケる技術⑨　恐縮

集団：こいつ動き速っ！　キモッ！

店員：動きが速い男は出世も早いですよ～。

聞いてんのか！　武田！　ウケる技術㉘　天丼

集団：言い忘れてました。あの……、静かにしてください！　ウケる技術㉔　裏切り

(そのまま厨房に引きあげ、しばらくして戻ってくる)

集団：お前店長無理。

ケース3　結婚式のスピーチでスべらない！

Before

A：このたびはご結婚おめでとうございます。私は、新郎の蛯名（えびな）くんと大学時代に同じサークルに所属しておりまして、よく合コンをしていました。当時の蛯名くんは居酒屋を戦場だと勘違いしてるんじゃないかってくらい女の子を口説くことに命かけてました！　はっきり言って変態でした！

客席：……。

A：（うわぁ……いきなりスベッた）な、なあ蛯名！　そうだよな！（蛯名に助けを求める）

（このとき会場で赤ん坊が泣き出す）

新郎：おい、赤ちゃん泣いてんじゃねぇか！

客席：（笑）

A：（ま、まずい。テンパッてきた……）

戦略1　ガイジン化

客席：そんな蛭名くんに言いたい。あのときの飲み代返せ！

新郎：(あいつには悪いけど、見てるのしんどいな……)

客席：……。

>>> 発想のターニングポイント

場の空気は、宝の山。

このケースの考え方

緊張したまま空気がつかめず、かつウケをねらいに行ってスベってしまった。そんな被害報告が絶えないケースです。

たとえば、用意したネタを披露するのもいいのですが、一方的な棒読み、「発表会」になってしまうのでは出席者のハートをつかめません。あるいは、列席者を「イモの群」と考えるのも、緊張感は和らぐなどとよく言われますが、結局一方的なスタンス

になってしまうでしょう。**ウケるコミュニケーションは、アドリブである。**その場の空気をいっそ、いろんな拾い方ができる、「**宝の山**」であると考えてみましょう。その日の天気、披露宴の初めで起きたハプニング、列席者の特徴、新郎新婦の印象、その場の空気の「ひずみ」を的確にとらえて、共感できるネタに落とし込んでいく。そこでは、自分の心の中の緊張までも、「わたくし何を言っているのかわかりませんが」というように、ツッコミを入れられる切り口となります。**空気に対してコメントを入れる、**このスタンスさえできていればスベる心配はありません。

宴もたけなわで、飲みすぎで、「寝てる人が複数いた」としましょう。聞いてないからさっさとすませようなどと逃げ腰になってはいけません。それではもったいない。「寝てる人がいる」ことを切り口にして、共感できる笑いに変換しましょう。

> 友人：私、正直言いますとスピーチが大の苦手で、昨日も徹夜でずっと考えてまして……寝てません！ **ウケる技術❸ カミングアウト**
> そのわりには、もう客席の中に寝てる人いますね。1、2、……8人ほどいますね。
> 起きてー！ おばあちゃん起きてー！ **ウケる技術❶ ツッコミ**

Afterでみるように、かりにリスクを含むネタであっても、場の空気さえ読むこと

ができていれば、適度にリスクヘッジすることはありません。もっとも、お祝いのスピーチですから、新郎新婦へのオーバーなまでの愛情表現、「お二人を心から祝福している」というメッセージを伝えることもお忘れなく。

After

A：このたびはご結婚おめでとうございます。
私は、新郎の蛯名くんと大学時代に同じサークルに所属しておりまして、よく合コンをしていました。当時の蛯名くんは居酒屋を戦場だと勘違いしてるんじゃないかってくらい女の子を口説くことに命かけてました！ はっきり言って変態でした！

客席：……。

A：えー。スピーチを始めて20秒。会場は早くも水を打ったかのごとく静まりかえったわけですが。　ウケる技術⑫　俯瞰（ふかん）

客席：（ちらほらと笑いが起きる）

A：**安心してください。最後はちゃんといい話になる予定ですから。**　ウケる技術

❹ 前置き

で、蛝名くんと合コンに行っては、まあ最近はほとんどみかけなくなりましたが、当時流行していた王様ゲームに明け暮れていたわけです。

(会場で赤ん坊が泣き出す)

A：**この話、未成年には刺激が強すぎたようですね。**　ウケる技術㉚　悪い空気＋ウケる

客席：(笑)

技術㉜　擬人化

A：そんな大学生活だったのですが、新郎との思い出でどうしても忘れられないことがあります。それは……ある飲み会の王様ゲームで、新郎からこんなことを耳打ちされたのです。

「王様、譲ってくれない？」

この衝撃の告白に、思わずボクは新郎の顔を見ました。──こんな真顔の新郎を見たのは初めてでした。そして、その時、ボクから奪った王様の権利を濫用して手に入れたのが、今新郎の隣に座っている「美佳ちゃんの手に接吻する」だったのです！

蛝名：言わなくていいから！

客：(笑)

戦略1　ガイジン化

A：あのとき、ボクが王様を譲ってなかったら……もしかしたら二人は結ばれていないかもしれないな。（遠くを見つめて）　ウケる技術⑮　キザ

（マイクを握りなおし）

蛯名ァ！！！（スクールウォーズ風に）　ウケる技術㉑　キャラ変＋ウケる技術㉛　ロールプレイング　※このキャラ変をきっかけに青春コントに入っている。

あの時の借り、返してもらっても、いいかなぁ！

オレがあの時、お前に貸した、王様の権利、返してもらってもいいかなぁ！

ウケる技術⑮　キザ

（しばらく間をとって）

王様だぁ～れだ！

はぁい！

（突き上げた右手に、わりばしが摑まれている）　ウケる技術⑮　キザ＋ウケる技術⑯　パロディ

客席：（笑）

蛯名は、美佳を……一生幸せにすること！　ウケる技術⑮　キザ

客席：(歓声と拍手が起きる)

A：蛭名、美佳ちゃんを幸せにしろよ。

なぜなら、王様の命令は……

蛭名：**絶対だからな。**（Aを指差して） ウケる技術⑮ キザ＋ウケる技術⑯ パロディ

客席：(歓声と拍手が起きる)

A：あ、あと。

蛭名：何だ？

A：お前、あの日、美佳ちゃんと消えただろ？ ウケる技術❼ 下心

飲み代、俺が払ったままなんだけど、返してくんない？

客席：(笑)

ウケる技術❿
切(き)りかえ

例

ほら、ね。書いてあるでしょ。「女は30すぎてからが華」

ですって！
みなさん！

切りかえの定義

会話の矛先をいきなりかえる

①何かを言いふらしたいとき、②強く同意を求めるときなどに、会話の文脈をまったく知らない第三者に話をふる技術です。切りかえるときは**声を張ること**がコツです。

例①
（タクシーに乗った男女）
女：もう仕事嫌！
男：嫌っていっても、どうすんだよ。
女：私、ハワイ行く。**運転手さん、ハワイ！**

例②
（バーで）
A：あの課長には、まいったよ。ホントに。
B：お前にも問題があるよ。
A：いや、なにもかも課長が悪い。**ねぇマスター！**

イメージ

自分 ←いきなり→ 相手

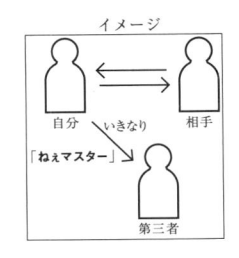

「ねぇマスター」

第三者

> **ポイント**
> 場合によっては、「全体に呼びかける」ことも効果的。
>
> 例 男：オレと付き合ってくれないか……？
> 　　女：……ちょっと考えさせて。
> 　　男：(街行く人に向かって) **みんな聞いてくれ！　オレに彼女できる見込み、低いぞー！**

戦略2
ねばり強さ

戦略2 ねばり強さ

この戦略が有効なケース
相手と対等な関係にある場面、おもに飲み会など男女関係の場面。

戦略1で、ガイジン化したテンションで前へ出ることは、ウケるための根本的な条件であると説明しました。自分のトークが相手にウケている状態、相性のよい状況で「ガイジン化して前へ出る」ことは、難しいことではありません。いわば追い風の状況で、勢いを保ってたたみかけ、相手を「笑いのサンドバッグ」状態にすることも可能でしょう。

ところが、次のようなケースでは、どうでしょうか。

Aさんは今、携帯電話の画面を見ながら、緊張しています。気に入った女性を、デートに誘おうとしているのです。「ええい、出たとこ勝負だ!」とAさんは勢いこんで電話をかけました。

やんわりと拒絶されてヘコんでしまい、思わず電話を切ってしまったAさん。後悔まじりにこんなふうにねばりを見せればよかったのかと想像しました。

A：今週の土曜日、ヒマ？
女：その日、仕事があってお店に出てるわ。
A：そうなんだ……。じゃあまた、電話します。

一方、Bさんも気に入った女性をデートに誘う電話をしました。相手から軽い拒絶を食らうまではAさんと同じ流れなのですが、その後の対応にははっきりとした違いがあらわれます。

A：今週の土曜日、ヒマ？
女：その日、仕事があってお店に出てるわ。
A：じゃあ終わるの何時？　何時でもいいからさー、会ってくれよー。
女：(冷たく) わかんない。でも疲れてるから。

女：その日、仕事があってお店に出てるわ。
B：出た。看板娘。たしかに君がお店出ないと店長困るね。でも一つだけ店長を喜ばせる方法がある。俺が行って商品全部買う！　ついでに店長も買収する！　そして暇をもらって君と遊ぶ！　どう？

女：（笑）でも、最近疲れてて、仕事終わったらすぐ帰りたいんだよね。
B：そっかー。じゃあ君の職場の近くで温泉掘っとくわ。仕事終わりですぐに入れるようにしとく。リウマチに効くことになるけどいい？

Aさんが考えた会話とBさんの会話には、明らかな違いがあります。Aさんは拒絶されたことにこだわるあまり、独りよがりなゴリ押しになってしまっています。これでは相手に不快感を与えるだけです。Aさんの二つの会話に共通しているのは、どちらにも相手への気づかい、サービス精神が欠けていることです。

それに対してBさんは、余裕を持って食い下がっており、あくまでも相手を楽しませようとする気持ちが感じられ、そのため相手は不快感を感じることがありません。

二人の違いは、**コミュニケーションはサービスである**、という認識があるかどうかなのです。アタマで考えると当たり前のようですが、現実ではAさんのように冷静になれず、ミスを犯すケースが少なくないのではないでしょうか。

いま二人の会話で見てきたのは、相手から拒絶されたケースです。いわば逆境で、「ガイジン化して前へ出るスタンス」を維持できるかどうか、これが問題なのです。**自分に逆風が吹いている状況で、ねばりがきくかどうか。**それも、テンパったシリア

すなねばりではいけません。ユーモラスな、ポップなねばりであること。アゲインストの状態にあってチャーミングなふんばりを見せることができれば、相手へのアピールは非常に大きい。ピンチはチャンスととらえて、実戦に臨む余裕を持ちたいものです。デートの約束を取りつけるという目的に向かって強引でありながらも、相手に不快感や警戒心を抱かせないためのユーモラスな軽い感じ、この二つが両立したいわば**強引な三枚目**をめざしましょう。そのためには、相手に不快感を与えずに押して、ノセるための技術を身につける必要があります。実際に「ねばる」技術を使ったケースを見ることにしましょう。

場面は変わって、今度はAさんが飲み会に来ています。
Aさんはお気に入りの女性の隣に座ることができたようです。ところが……。

A：君、付き合っている人とかいるの？
女：いるよ。
A：へえ、そうなんだ……モテそうだもんね。

やんわりととどめを刺されてしまったAさん。口説くモチベーションをなくしてしまいました。一方、Bさんは「自分に興味のないテンションの低い女性」に対して、

どういう姿勢を取ったのでしょうか?

B：君、付き合っている人いるの？
女：いるよ。
B：ちょっとためらおうよ、そういうこと言うのは！ この時点で、君、オレに興味ないのバレバレだよ！　ウケる技術⑭　フェイクツッコミ
女：そういうわけじゃないけど。
B：あ〜。でも彼氏いるんだ。これはマズいぞ。マズいなぁ。（深刻な表情で）
女：え？　どうしたの？
B：だって、君、ホレるもの。　ウケる技術⑬　カン違い
女：は？
B：まちがいなくオレにホレるもの。　ウケる技術⑬　カン違い
女：何言ってんの？　バカなの？　君？
B：そんなこと言ってられるのも今のうちだよ。何だかんだ言って、一時間後には二人でこの飲み会フェードアウトしてるよ。できることなら壊したくなかったなぁ、君の幸せを。　ウケる技術⑬　カン違い
女：あのさぁ、ハッキリ言っておくけど、君のこと何とも思ってないからね。
B：みんなそう言う。みんな最初はそう言う。でも最後はこう言うよ。「あなたって、スイーツみたいな人ね」　ウケる技術⑳　アピール＋ウケる技術⑱　ディテール化
女：あんた頭おかしいんじゃない？
B：みんなそう言う。「あんた頭おかしいんじゃない？」でも最後はこう言うよ。「あんた病院

分裂

行った方がいいんじゃない？……ぶっちゃけ、オレ、頭おかしいです！（笑顔で） ウケる技術㉔ 裏切り＋ウケる技術❺

拒絶されようと何なんだろうと、会話を盛り上げてしまえば相手の好感はあとからついてくる。Bさんにはそんな確信があったのでした。

そこで、相手がつれていない会話をやりくりする技術を、Bさんの会話をもとに検討します。

「彼氏がいるのか」というBさんの問いに「いる」と答えた女性に、そこでヘコんだり、間を置いたりしてはいけません。「彼氏がいるぐらい何とも思っていない」というスタンスが必要です。Bさんはすかさず、「ちょっとはためらおうよ、そういうこと言うのは！」と**ウケる技術⓮ フェイクツッコミ**を使い、ヘコみそうな場面をしのいでいます。その上で、「君はオレにホレる」などと**ウケる技術⓭ カン違い**で挑発し、強引に風向きを変えようとしています。

また、おどけたトーンとはいえ、カン違いによる挑発をかさねることで相手にストレスをかけるのですから、Bさんの会話の末尾にみるように、最後はしっかり自分を落とそう、と前もってイメージしておく、こうしたバランス感覚も大切です。

ケース4 オンナを家にお持ち帰る！

Before

男：今からウチ来ない？
女：でも終電なくなっちゃうし……。
男：大丈夫だよ。タクシーで送るから。
女：でも……なんか、危ないもん。
男：アハハハ。危なくないって。（動揺する）DVD見ようよ。ウチ品揃え豊富だからさ。
女：……やっぱ今日はヤメとく。また今度ね。
男：また今度って、いつ？
女：（こいつ、しつこいわ……）

>>> 発想のターニングポイント

嫌われるねばり、好かれるねばり。

このケースの考え方

のっけから下品なケースを、とお思いの読者もいるかもしれませんが、これは男性諸氏にとっては切実なケースであり、本書はこれを取り上げないわけにはいきませんでした。

もちろん、こういうケースに限らず、正解は一つではありません。個人個人が多く成功体験を積んできた、自信のあるスタンスを選ぶべきです。たとえば、はなからお持ち帰りを狙わない、無理に誘わないことでモテる、いわゆる「粋」なスタンス、というのもあります。ただこの「芸風」は個人の経験や才覚に負う部分が大きく、本書では扱わないことにしました。

おすすめするのは、やはり「ねばり強く前へ出る」戦略です。戦略2でみたように、**拒まれてもおもしろおかしくねばるオス、強引な三枚目**、これを基本としてください。

さて「ねばり強く前へ出る」上で注意したいのは、**行きすぎた自分にツッコミを入れるウケる技術❻自分ツッコミを乱用しないこと**です。このケースでは「ねばり強く前へ出る」ことがサービス、つまり相手のハートをつかむきっかけになるのです。へんに罪悪感を持ったり、冷静に、客観的になったりして、「オレ、しつこい?」など

とつぶやいてしまっては、今までの押しが水の泡になりかねません。前へ出る勢いが弱まり、自分を卑下することになってしまいます。「あんたしつこい！」と言われても、ひるむそぶりを見せず、「へ？」などとひらき直っている方が逆に魅力的だということです。

After

男：今からウチ来ない？
女：でも終電なくなっちゃうし。
男：大丈夫だよ。**オレ終電止めるし。車掌に言っとくから。**（笑）でも、今日はやめとく。
女：それは頼もしいね。（笑）
男：なんでよ。
女：だって君のウチ行ったらあぶないもん。
男：**まぁね！ 確実に押し倒すからね。**　ウケる技術⑪ 詭弁(きべん)
女：こわーい。（笑）

ウケる技術㉕ カウンター
※言い方に注意。へんな間を作ってはいけない。相手の発言にかぶせるスピードで強気に。

男：冗談冗談。大丈夫、何もしないから、やっぱちょっとする。

女：いらないから。(笑)

男：あ、それだったら大丈夫。家にオレの自伝あるから。何も成し遂げてないからだいたい、私あなたのことほとんど知らないし。

女：うーん。でも私、字読むの苦手だし。(笑)

男：そうだろうと思ってDVDも作っといた。オレの人生ダイジェストDVD。ペラペラだよ。2分で読めるよ。

ウケる技術⓫ 詭弁

つか、オレどんだけ自分好き？ ウケる技術❻ 自分ツッコミ

女：あ、あと、明日仕事早いんだよね。

男：だったらなおさら早くウチ行って休まないと。 ウケる技術⓫ 詭弁

ちなみに、君、職場どこ？

女：……恵比寿だけど。

男：恵比寿か～ごめん、1本だわ。ウチから電車1本だわ。いや～1本か。まいったな。乗り継ぎあったら無理に誘うのも悪いかなと思ったけど、1本だったら

アリだな〜。　ウケる技術⓫　詭弁

女：何言ってるかわかんない。

男：だよね。じゃあこうしよう。**君、オレの家きて。オレ、君の家行くから！**　ウケる技術⓫　詭弁

女：ますます何言ってるかわかんないんだけど。(笑)

男：つーかさ、とにかく来なよ。……(小さな声で)ちょっと見て周り。必死な男とその誘いを拒む女の行く末を見守るギャラリーで一杯だよ。　ウケる技術⓬　俯瞰(ふかん)

しかも男は土下座しかねない勢いだ。そんな状況……恥ずかしくない？　ウケる技術㉔　裏切り

女：恥ずかしい。

男：だったらウチ来ればいいじゃん！　ウチに来たらこの恥ずかしさから逃げられるわけで！　ウケる技術⓫　詭弁

女：でもなぁ……。

男：**「何か変なことされるんじゃないか問題」**の対策は、ウチに着いてから考えればいいじゃん。オレも一緒に考えるし。　ウケる技術⓫　詭弁＋ウケる技術㉔　裏切り

女：どうしようかな……。

男：そんな迷ってる君にアントニオ猪木(いのき)の言葉を贈るよ。「踏み出せばその一足が道となり　その一足が道となる」というわけで、1！　2！　3！……タクシー！（拳(こぶし)を突き上げてタクシーを止める）ウケる技術⓰　パロディ＋ウケる技術⓫　詭弁

女：ちょっと！

ウケる技術⓫
詭弁

例

男「今から流しに来ない?」
女「は?」
男「ウチ、流しそうめんが名物だから。うん、7・3でいいよ。君に7流すから。いや、君が来てくれるなら8流す!」

男「わかった。流す。全部流すよ。流しゃいいんだろ流しゃ!」

詭弁の定義

ヘリクツをつけて説得する

そのまま言うとカドが立つ本心の要求を愛嬌のあるヘリクツで説得し、相手に「しょうがないなぁ」と思わせる技術です。**要求を断られてから**が、詭弁による説得のスタートだと考えてみてください。

例 (飛び込み営業で門前払いを食らい扉を閉められた中に入れてください。何か買ってくれとかそういうんじゃなくて……外寒いから入れてください！

●ポイント
言い訳じみた使い方をしないこと。

A：この条件でなんとかお願いできませんか？
B：これだと厳しいですね。
A：×いや、でもこれくらいの費用をいただけないと赤字ですし……
○ただ、ここで貸しを作っておくとあとからとんでもないリターンがありますよ。ああ、怖い。貸しを作られるのが怖い！

イメージ

Before
遊びに行こうよ →
← NO!
自分　相手

After
オレ、マングースと戦うし！
動物園行こうよ！
遊びに行こうよ →
← NO!
自分　相手
ベンツもってるから
最近、ベンツの自転車買ったから！

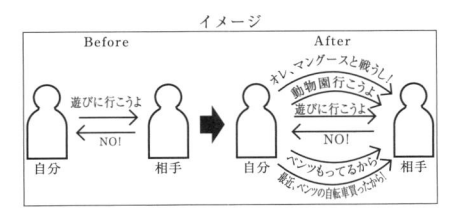

ウケる技術⑫

俯瞰

例

男「脚を細くしたい彼女と、胸が心配な彼氏」

女「ちゃんと足持ってて」

俯瞰の定義

全体像にツッコミを入れる

会話をしている本人たちが見落としがちな、第三者の視点からみたおかしさを伝えます。また「オレたち○○だよな」という共犯意識を作り出すことができるのも見逃せない効果です。

例
（上京してきたばかりの男たちが都庁ビルを見上げて）
お……おい！ オレたち、東京に出てきたばかりの東京ウォーカー君になってないか？

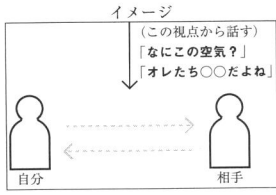

ポイント
スベったときの対処法としても使用できる。

例
（合コンで盛り上げようとして、カラ回りしているとき）
なに、この1対7の構図。

イメージ
（この視点から話す）
「なにこの空気？」
「オレたち○○だよな」
↓
自分　　相手

ケース5 父になったとして、娘をふりむかせる！

Before

（父と娘は食事中）

父：お前、最近学校の調子はどうだ？
娘：……。
父：勉強はがんばってるか？
娘：……。
父：……。
娘：……。
父：お、お前、最近色っぽくなったよな。
娘：……。
父：お前……。
娘：ごちそうさま。

>>> 発想のターニングポイント

空気は読むものではない。作るものだ。

このケースの考え方

遠くない将来、深刻な課題になるはずのケースを取り上げました。父になっても、つれない異性を相手にしなければならない。それが男の宿命なのかもしれません。

具体的な対処法としては戦略2で述べた通りですが、ここでは、あるべきスタンスについて検討します。この戦略で出てくるケースは、とくにメンタル面がためされるものだからです。

イヤな返事をしてくる相手よりも手ごわい、無反応な人間を相手にして、それでも話を盛り上げなければいけないケース。このような場合、声をかける前に、モードチェンジをしましょう。つまり、これは相手のリアクションが期待できるような、通常の会話ではないのだと。たとえ娘だからといって依存するのではなく、相手の反応をカッコにいれる、いやもう相手が「いない」ぐらいの、そう、**ウケる技術の「素振り」**のように考えること。そうすれば、相手の冷たい反応に一喜一憂することなく、

自分のペースが保てるはずです。キャッチボールと考えれば、苦しい。素振りと考えれば、思いきりスイングできる。逆説的にコミュニケーションの精度は高くなります。

After

父：お前、最近学校の調子はどうだ？

娘：……。

父：「口チャック」か。最近の若者は何かあるとすぐ「口チャック」だ。

　　　……おい！　今の「古いよ！　たとえが！」はお前が言うべきセリフだぞ。

娘：**って古いよ！　たとえが！** ウケる技術❻ 自分ツッコミ

父：**バカか、お前。コミュニケーションだよ、コミュニケーション。お前とコミュニケーションしたいんだよ！** ウケる技術❸ カミングアウト＋ウケる技

娘：うるさいなぁ、なんで今日だけそんなにテンション高いの？

　ウケる技術⓮ フェイクツッコミ

術⓮ フェイクツッコミ

※このカミングアウトは重要。これを言うことで「オレがしゃべりまくるのはお前とコミュニケーションしたいから」という理由づけをしている。こうすることで娘は違和

戦略2　ねばり強さ

感なく父のトークを受け入れる状態になる。

娘：私はあんたとはコミュニケーションしたくないの。

父：お前分かってないわ。最近なあ、父と娘のコミュニケーション不足が問題になってるってテレビでやってたぞ。**子供はもっとテレビを見ろ！**　ウケる技術⓮　フェイクツッコミ＋ウケる技術⓾　切りかえ

いいか？　父と娘がちゃんとコミュニケーションできてないから、娘が非行に走り、麻薬に手を出し、援助交際をはじめ、最初の客との待ち合わせ場所にやってきた男は、……**実の父だった――**。　ウケる技術㉔　裏切り

オレだって男なんだ。**父である前に男なんだ！　母さんおかわり！**　ウケる技術⓮　フェイクツッコミ＋ウケる技術㉖　ミスマッチ

娘：最低。変態だろあんた。

父：ハハッ！　変態？　変態だと。その変態の娘がお前だよ。**この変態娘！　フェイクツッコミ**　ウケる技術⓮　フェイクツッコミ

そういえば昔、鉄骨娘って流行ったよな。

娘：……。

父：覚えてないか？　鉄骨娘。

娘：知らないよ。

父：お前、鉄骨娘も知らないのか？

娘：なんで変態なんだよ！

父：……いいじゃないか。ちゃんとツッコめるじゃないか。忘れるんじゃないぞ、今の間とタイミング。　ウケる技術㉑ キャラ変

娘：別に芸人めざしてるわけじゃないから。

父：誰もお前に芸人になってほしいなんて思っちゃいないよ。オレはできることならお前に……そういえばどうだったんだ？　この前のモーニング娘。のオーディションは！？

娘：受けてないよ。

父：受けてないのか！？　**こんなにカワイイのに!?**　ウケる技術❷ 建前

娘：……。

父：**まさか……言葉を失うほどに感動するとは。**　ウケる技術⓭ カン違い

娘：ちげーよ！　サムいから無視したんだよ！

父：**照れるな、娘よ。**　ウケる技術⓭ カン違い

自分に自信を持て。　ウケる技術⓯　キザ

正直お前は松浦亜弥よりカワイイぞ。　ウケる技術❷　建前

これだけは言っておく。お前がいるだけで、

父さん、毎日が「めっちゃ！　ホリデー」だぞ。　ウケる技術⓰　パロディ＋ウケる技

術㉙　レッテル展開

娘：あんたバカだろ。

父：ああ……バカかもしれんな。でも、男には、バカになっていいときが二つだけ

あるんだ。

一つは、夢のため。そしてもう一つは……家族のためだ！　ウケる技術⓱　自分フォロー

オレ、今すごいイイこと言った！　ウケる技術⓯　キザ

……な、泣くなよ母さん！　ウケる技術⓾　切りかえ＋ウケる技術⓭　カン違い

娘：はあ、ホント疲れるよ、父さんの相手は。

父：お前はあいかわらず素直じゃないな。　ウケる技術⓭　カン違い

自分の気持ちに正直になって言ってごらん、「アイラブダディ」と。　ウケる技術

⓯　キザ

……おい！　まだ話終わってないぞ！　ウケる技術❶　ツッコミ

ウケる技術⓭

カン違い

例

女「やめて、2人とも！
　私はみんなの私だから！」

男「……で、新商品の件なんだけど」

カン違いの定義

物事を都合よく解釈する

何事もポジティブにとらえる「おめでたい人」になりきりましょう。**相手のツッコミを誘発し、軽い口ゲンカに持ちこむと、お互いの距離がぐっと縮まるでしょう。**

例 (彼女の手料理をごちそうになって)
男：うまい！ ……まさか、オレを太らせて自分だけのモノにする作戦!?

ポイント

額面通りに受け取られる場合もある。ウケる技術❻ 自分ツッコミによるフォローを復習しておこう。

例 (野球のベンチで)
補欠：今日はさすがに使われるんだろうな〜。紅白戦のオレの活躍すごかったからな。
監督：……。
補欠：でも、やっぱボクの実力が一番発揮されるのは肩揉みなんスよね！(監督の肩を揉みながら)

イメージ

○「愛情の裏返しってヤツですか？」

ダメ出し

×「ダメですよね、オレって」

自分 → 相手

ウケる技術⓮

フェイクツッコミ

例

男 「ああ、読んだよ、全部読んだよ！『成功哲学』も『人を動かす』も『金持ち父さん貧乏父さん』も『7つの習慣』も　全部読んだよ、でもダメなんだよ！」

フェイクツッコミの定義

怒り口調で相手が傷つかないことを言う

典型的なツッコミ口調、キツい口調でズレたことを言う、いわば**ツッコミのパロディ**です。声を張ることでバイタリティをアピールできたり、自分のテンションが底上げされたりするという効果があります。相手にバカにされたときに使うとナメられないという裏の効果もあります。

例①
女：結局、私以外に何人の女がいるわけ？
男：7人。
女：あんた、7人もどうやって食わしていくのよ！デリバティブ!?

例②
なんなの、そのキレイな肌。CGだろ。
（怒り口調で相手をホメている）

イメージ

「お前はいい。ただお前の最寄り駅が気にいらん！」

「なに食べたらそんなにキレイになれるんだよ！」

自分　相手

「どんだけゼッペキなんだオレは。横から見たら液晶テレビじゃねーか！」

ツッコミのパロディ

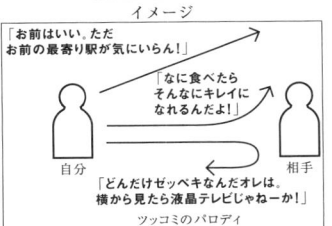

ウケる技術⓯

キザ

例

男 「愛はあふれている。それでいいじゃないか」

女 「それにしたって財布に40円ってどういうこと?」

男 「愛は！　あふれている」

キザの定義

過剰にカッコよく演技する

ふだんなら照れてしまうようなセリフを、過剰な演出で言います。あなたのキャラクターがセリフの内容とかけ離れていればいるほど、魅力的なギャップが生まれます。

ウケる技術⓭ カン違いと同じ効果があり、相手のツッコミを誘発します。

例①
（寝坊して、布団（ふとん）に入ったまま）
夫：子どもたちは、ちゃんと学校へ行ったのか？
妻：ええ、あなたとは違ってね。
夫：……**子どもは親を超えていくなぁ。（遠い目をして）**

例②（男二人の会話）
A：やっぱ、キャメロン・ディアスは最高だよな。
B：そうかぁ？ キャメロンよりカワイイヤツなんて一杯いるよ。
A：いねーだろ、そんなヤツ。たとえばだれだよ？
B：**お前だよ。（相手の目をじっと見つめて）**

イメージ

「僕のことは聞いているよね？」
自分 → 相手
「は？」
自分

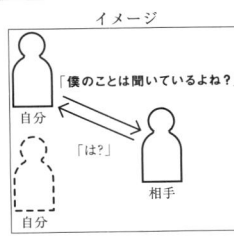

ウケる技術⓰

パロディ

例

川相モデルのバット、8800円。
ぎりぎりまでボールに近づけるヘルメット、6200円。
「送る」喜び、プライスレス。

パロディの定義

有名な歌・フレーズを会話の流れにあてはめる

なんとなく知られている歌やフレーズを思いがけない場面に登場させる技術です。

※**ウケる技術⓰パロディ**はその時代の流行に左右されるので、本書の例文が古くなっている可能性があります。ご了承ください。

格言を当てはめた例

例 (30時間寝て、「あ〜よく寝た」と起きた瞬間、また睡魔に襲われ)
『**天はオレの下に人を造らず**』だな、ムニャムニャ……。

決まり文句を当てはめた例

例 **この陰毛(いんもう)が目に入らぬか！**
（印籠）

ウケる技術⑰

自分フォロー

例

男「やっぱりあの教授単位くれんかったか……。菓子折り攻撃までは完璧だったのにな。」

戦略2 ねばり強さ

自分フォローの定義

自分で自分をはげます

スベッたとき、失敗したとき、誰もなぐさめてくれない状況下において、しかたなく自分がフォローするという演出をしましょう。

例①（帰宅したら空き巣に荒らされてて）
確かに俺の部屋、趣味いいからね!。

例②（家の電気を止められて）
これでHのとき「恥ずかしいから電気消して」って言われてわざわざスイッチのところまで行ってまたベッドに戻ってくる時の気まずさがなくなったなあ。

●ポイント
空気を読んでフォローする点では、ウケる技術❻ 自分ツッコミと構造は同じ。

例（授業中先生に起こされて）
（自分ツッコミ）学校でのプライオリティが睡眠になりつつあるな……。
（自分フォロー）しかし俺はいいいびきをかくなあ。

イメージ

| 人生ってさ、賞味期限切れの弁当みたいなものだよな。……。 | （サムい空気が流れる） |

↓

| 人生ってさ、賞味期限切れの弁当みたいなものだよな。 | → | やっぱオレ、深いわ! |

ケース6 この前の飲み会で脈のない女を電話で口説く!

Before

男:もしもし。この前飲み会で会ったAですけど覚えてる?
女:う……うん。(明らかに覚えていない様子)
男:(うわぁ、覚えてないっぽい……)
　　今、何してるの?
女:家にいる。
男:あ……ああ、そうなんだ……ところで週末とか何してるの?
女:わかんない。友達と遊んでるかなぁ。
男:へぇ……結構、忙しそうだね。
女:そうだね〜。
男:あの……今週末とか遊ぶの難しいかな?(弱気)
女:ちょっとわかんないね。

戦略2　ねばり強さ

男：そっか。じゃあ、週末来たら電話するよ。
（ああ、無理だ。もう電話切ろう）
女：うん、わかった。

>>> 発想のターニングポイント

> ダメモトと考えれば、余裕が生まれる。

このケースの考え方

デートを誘うツールとして今やメールが一般的になりましたが、その話はメール篇(P275)に譲るとして、このケースでは電話を使ったアプローチを考えてみましょう。

前提としてまず、飲み会では打ちとけきれなかったわけですし、かろうじて電話番号を聞いたはいいのですが、そこから時間が経過していて相手の記憶は薄れています。

その状態でかつ、制約のある、訴求力の弱い電話というメディアを使ってなんとか「つなごう」としているのです。よくよく考えれば、ネガティブな要素の掛け算にな

っているわけで、どんなにあなたに魅力があったとしても、ダメで当然なケースなのです。

すでに「死にかけ」であるのですから、つれなさにひるんだり、雰囲気に飲まれたりするのは相手にまだ淡い期待を寄せている証拠であり「いまさら」でしょう。ダメモトで考えれば、余裕が生まれます。余裕を持って、**トレーニングと割りきって、自分のペースで乗りきればいい**のです。ケース5「父になったとして、娘をふりむかせる！」と同じスタンスです。

以上をふまえていれば充分ですが、加えてこのケースでは、**ウケる技術⓲ ディテール化**を紹介しておきます。この技術には、**電話というメディアの、相手が見えない、音しか要素がないというハンデを、逆利用する効果があります**。言葉のみで映像を相手に想像させ、イメージを共有することで共感状態を作り出し、電話ごしでも二人の距離を近いものに錯覚させる効果があります。電話では、意図的にこの技術を活用するとよいでしょう。

After

男：もしもし！　Aですけど。覚てる？

女：う……うん。

男：(相手の反応で覚えていないと判断する)いや覚えてないと思うなぁ。オレが君ならオレのこと１００％覚えてないもん。

ウケる技術⑲　深読み

女：うん。覚えてない。

男：アハハハ！　**正直だなぁ！**　ウケる技術❶　ツッコミ
※ちなみに、この女は最初「覚えている」と言っている。つまりウソつきなのだが、ここでは持ち上げるツッコミでノセていくのが無難。「最初覚えてるって言ったじゃん」などと責めるようなツッコミはサービスになっていない。

あのさ、この前の飲み会で、あの、志村が主催した飲み会あったでしょ。渋谷でやったヤツ。

女：あっ、はい。

男：そう。そのとき、面白かったヤツいたでしょ。**鼻からピーナッツ飛ばして暴走してた。誰も知らないワハハ本舗の梅垣のモノマネ必死にしてたヤツ。**　ウケる

技術⑱ ディテール化

女：うん。いたね。

男：でしょ。その面白かったヤツの……**隣に座ってたAです。** ウケる技術㉔ 裏切り

女：（笑）

男：そう。面白かったヤツじゃないんだ。面白かったヤツの隣に座ってたAなんだ。

女：これが！ 今何してるの？

男：今？ 家にいるよ。

女：マジで!? オレも家にいる。**気が合うねぇ！** ウケる技術⑪ 詭弁

男：……。

女：……。

男：……えっと、無理やり気が合うことにしてみました。 ウケる技術⑥ 自分ツッコミ

ウケる技術⑲ 深読み

で、**週末とか何してるの？ いやっ、やっぱやめた。週末何してるのって聞いたら「予定ある」って言われそう。**

女：（笑）

男：ズバリ言う！ 週末オレと遊んで！ つーか、もうちょっとくらいオレと会ってしゃべってよ。**この前の飲み会で話したのなんて、「へぇ、大根サラダ好き**

「なんだ？」「……う、うん」くらいしか覚えてないし！　ウケる技術⓲ ディテール化

女：そうだね。
男：どう？　土曜日か日曜日空いてない？
女：うん。週末友達と遊ぶ予定入っちゃってるんだよね。
男：マジで？　SPは必要ない？　危ないぜ、君みたいな美人が友だちとフラフラ街歩いてたら。ウケる技術⓫ 詭弁
守るよ。オレは、かなり守るよ。ウケる技術⓴ アピール
女：……いらないかな。
男：ですよね。邪魔ですもんね！
残念だなあ。週末「ブラピ」も誘おうかなと思ってたんだけど。ウケる技術⓫
詭弁
女：ブラピ？　ブラピって何？
男：ブラッドピット。
女：は？
男：あれ、言ってなかったっけ？　俺がブラピとマブダチなの。

女：は？

男：いや、みんな信じないんだけどね。最近知り合ったんだよね、チャットで。

女：あり得ない。

男：最初は俺も思ったよ、まさかあのブラピじゃないだろうって。でも、会話のふしぶしから漂ってくるんだよね、ブラピ臭が。

女：……。

男：思い切って聞いてみたんだよね。「もしかして、ブラッドピットさんですか?」そしたら返信が来て「バレた?」って。「隣にアンジェリーナいるけど、話す?」とか言われて。そのあと1時間くらいアンジェリーナ・ジョリーと……あ、週末アンジェリーナ・ジョリーも呼ぶ?

女：電話、切っていい?

男：ちょっと待って! 本当だって。本当にブラピ来るから! 本当にオレ、週末整形してブラピになってきますから!

女：(笑)

ウケる技術㉔ アピール

(数日後。何度電話しても留守電になる女)

ウケる技術⓫ アピール

携帯:ピーという発信音の後に20秒以内でメッセージをどうぞ。ピー

男:もしもし、Aですけど。

実は……美容整形が成功しまして! 一目君に僕のブラ、ピー ピー ピー

ウケる技術⓲
ディテール化

例

女 「子供ほしいわね」
男 「手間のかからない子供ならね」
女 「オギャーって泣きながら『フロムＡ』を小脇(こわき)に抱えて生まれてくるみたいな？」

ディテール化の定義

話の細部を具体的にして、ころがす

場面の詳しい内容を連想し、ストーリーを展開します。コツは①**場面の映像を思い浮かべること**、②**会話劇にすること**、です。

ディテール化のきっかけ

ウケる技術⓫ 詭弁を起点にしたディテール化

例　女：映画？　わたし今日疲れてるの。
　　男：ちょうどよかった！　座席がフルフラットの映画館知ってるから。

建前を起点にしたディテール化

例　（女の手料理を食べて）
　　男：おいしいよ！
　　女：本当？
　　男：本当だって！　これ店で出したらいくらだ？　一口7500円……それだとちょっと安いか！

ウケる技術⑲

深読み

例

子「手取り足取り教えてくれるのは
うれしいんだけど……

ママは渡せないよ」

深読みの定義

相手の行動の裏を読む

相手のセリフや行動を額面通りに受けとらず、「本当は○○なんじゃないの?」とその裏を読みます。相手の気分を害する可能性があるので、自分を下げるような深読みをしたり、**あくまで冗談であること**を相手に伝える工夫をお忘れなく。

例
（男の部屋で冷房が効きすぎていて）
女：**キミ、お客さんの回転率上げようとしてない?**

ポイント

被害妄想は、**自分自身にベクトルを向けた深読み**と言える。

例
（入国審査で止められて）
男：**オレのジーンズがケミカルウォッシュだからかなぁ。**

イメージ

「イブは予定で一杯なの」
「そうなんだ…」
「モテる女演出してない?」
自分 / 内心 / 相手
言葉の裏を読む

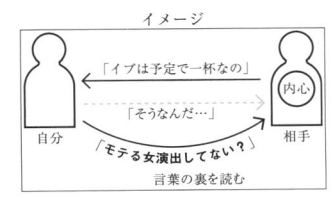

ウケる技術⑳

アピール

例

面接官 「プロポーションのいい方は？」
右 「**私です**」
左 「**私です**」

アピールの定義

自分の魅力をアピールする

① 遠回しに、あるいは②あからさまに、自分の魅力を売り込むことでかわいげを演出することができます。

例 女：私、お酒の強い人が好きなの。
　 男：すみません。テキーラ、ジョッキで！

ポイント

自分自身に「私は○○なんです」というレッテルを貼り、会話をころがす技術として有効。これに対してウケる技術㉙レッテル展開は、相手にレッテルを貼り、ころがす技術。

例 部長：これ誰かコピーしといてくれないか？
　 部下：コピーと言えばボクじゃないですか！ ボク、コピー採用ですよ。最終面接で社長に言われましたもん。「ウチのコピーを君に託せるのかね？」そして固い握手を！
　 部長：……お前それ無能ってことじゃないのか？

戦略3
神の視点

戦略3 神の視点

この戦略が有効なケース

他人からバカにされたり、ムカつくことを言われたとき。いじられたとき。

コミュニケーションは、**プロレスである**。やられっぱなしは、**ルール違反**

Aさんに彼女ができました。Aさん自慢の彼女です。ゴキゲンなAさんは、さっそく彼女を友人に紹介しました。

「自分の彼女がおすぎ似」という衝撃の告発を受けたAさん。動揺を隠しきれず、言葉に窮してしまいました。

友人：ぶっちゃけお前の彼女、おすぎに似てるよな。
A：……。（こいつ、マジムカつく）

一方、いみじくも同じ状況に立たされたBさんの会話です。

友人：ぶっちゃけお前の彼女、おすぎに似てるよな。
B：**おい、おすぎって言うな！　そのおすぎを選んだオレの身にもなれよ！**

友人：悪い悪い。
B：……でも、あいつと最近ビデオを借りに行ったとき、「この映画みなさい！」って高圧的に言われたんだよなぁ。
友人：やっぱり？（笑）

ユーモアで切り返すBさんです。

たいていの人は、Aさんのように、自分が引け目を持っている話題をふられると、プライドが傷つき、言葉に窮してしまいがちです。沈黙してへんな間ができてしまうのは避けたいところですが、現実としてそうなってしまうこともあるでしょう。ガードしようとしてかえっていじられたり、キレてしまって空気を壊してしまうことさえ少なくないと思います。

どうしたらよいのでしょうか？

仕掛けてきた相手は、自分をヘコまそうとしつつも、一方で切り返しを期待しています。ヘコんで沈黙してしまうのでも、ムキになってガードするのでもなく、どう切り返すかを楽しむぐらいの余裕を持てるようになりたいものです。余裕があればBさんのように、「おすぎ」の連想から話をころがすこともできます。Bさんに見習うべ

きなのは、**切り返しをして会話をころがすことが先決であり、自意識のような問題は気にしない**、というスタンスを保っていることです。

自分がピンチに立たされているときこそ、訓練しだいで会話をころがし、笑いをとるチャンスへと変えることができます。やられても、やられっぱなしのTKOになるより、初めから勝ち目がないとわかっていながら反撃に出て、あがくだけあがいて惨敗する、そんなイメージが持てるといいでしょう。**コミュニケーションは、プロレスであると考えてみてください。**

とはいえ、ここは**精神的なタフさが求められる場面**です。場数を踏んで、ある程度自信をつけた段階からうまくいくケースだと考えた方が気が楽でしょう。とくに苦手意識を持っている人は、気心の知れた友人とトレーニングしてみてはどうでしょうか。自分で自分の欠点を言うのは平気だけど、同じことを他人に言われると傷つくというもの。ただし、親友に言われるのは自分で言うのに近い。親友との予行演習は、比較的余裕を持って技術を試せる、「リハビリ」を兼ねたトレーニングになります。

例 Ａ：昨日さあ、電車に乗ってたら制服着た中学生みたいなやつらが乗ってきて騒いでたんだけど、そのうちの一人が急に「何か臭くね？」みたいなこと言い出して、そしたらみんな一斉に、臭い臭い言い出してさ。そういうのすげー気になんだよね。オレ、ち

友人：よっと体臭あるじゃん？
Ａ：まあな。
友人：できるだけ俺も努力して抑えていくつもりだよ。でもさ、そういう「臭い奴がいる」っていう空気になったときに、気軽に笑いに変えられるくらいのメンタリティを身につけたいんだよね。そこで、オレの体臭に関してどんどん言って欲しいのよ。
Ａ：……いいのか？
友人：ああ。遠慮しないでやってくれ。
Ａ：分かった。
（しばらく考えて）
友人：何か……臭くね？
Ａ：そうかぁ？
友人：あれ？　お前、臭わないの？　あり得ない臭さだぞ？
Ａ：あ、それ、でももしかしたらオレかもしれない！　実はオレってワキが……
友人：いや、違う。
Ａ：え……？
友人：これは人間の発することができるニオイじゃない。もしかしたら……何か、薬品的なものかもしれないぞ。
Ａ：いや、たぶんオレのワキ……
友人：違う！　とにかくこの部屋を出ろ！
Ａ：お前……

ふだんから友だちと遊び感覚でこんなやりとりをしていれば、実戦でも毒と張り合えるタフさが身についてきます。

自分の顔を笑いものにしつつ、自分のトークをしたたかに売り込むたとえば自分のルックスがからかわれているケースで、**話をしている自分の意識を、完全に「切り離し」て考えられるかどうか**、**からかわれている自分のルックスと**、**話をしている自分の意識を、完全に「切り離し」て考えられるかどうか**、いってみれば神の視点に立って考えられるかどうか、これがポイントです。この場合であれば、思いきってからかっている人たちと同じ側に立ってしまって、相手の目線と一体化して、客観的に自分の顔を見てしまえるかどうか。

こういうスタンスが定着すれば、自分のプライドの傷つきを気にするより、自分の顔をどう面白おかしくするかという、自意識にとらわれた考え方から自由な発想ができるようになります。

この考え方は、芸事の世界では昔から教えられてきたことです。テレビの世界では、自分と観客を高いところから離して見るイメージを持つとうまくいくという「俯瞰(ふかん)のカメラ」という教えがあります。能の世界であれば、演者は観客の眼になって自分の姿を見るべしと説いた世阿弥(ぜあみ)の「離見(りけん)の見(けん)」といった教えもあります。

ただし、自意識と自分の欠点を切り離すことによって、自分を笑いものにしすぎる、卑下しすぎるのも考えもの。大切なのは、自分の負い目を自虐的にエンターテインメントにしているようでいて、その実、**したたかに自分のトークのスキルを売り込む心意気です**。自分の欠点をかばうのではなく、それすらも笑いのきっかけにできるというポジティブさ、これがウケる人のスタンスなのです。

ケース7 ナメられたとき、応戦する!

Before

悪1：皆川ってさ、試合後のボクサーみたいな顔してるよね。
悪2：ギャハハハ!
皆川：そ……そうかなぁ。
悪1：そうだよ。目も開いてるか開いてないかわかんないもん。
悪2：おい、眠るな! 起きろ!
悪3：アハハハ!
皆川：……。
悪2：で、整形とかは考えない?
悪3：考えるもなにも、選択の余地ないだろ。とにかく皆川はできるだけ早く貯金を始めた方がいい。
悪全員：ギャハハハハ!
皆川：……。

戦略3　神の視点

>>> 発想のターニングポイント

負けて、勝つ。

このケースの考え方

何より意識しなければならないのは、**すばやく切り返すこと**です。

「言いたい放題だな!」「ひどいな!」などの単純なツッコミでもよいのでとにかくレスポンスすることで、少なくともヘコんでいるように見せずにすむし、場の空気を重くしたりすることがあります。

また、実践してみるとわかることですが、自分の精神的なダメージが軽減され、ストレスがたまりにくいというメリットもあります。言い方は、「あなたとのやりとりを楽しもうとしていますよ」ということが伝わるように、**怒りながらもおどけた感じを出すこと**がコツです。おどけたスピーディな切り返し、これができるだけであなたはかなりの「いじられ上手」になれるでしょう。

さらに「負けることで勝つ」スキルを磨きたいのであれば、トリッキーなツッコミの技術、**ウケる技術⓮ フェイクツッコミ**を身につけるとよいでしょう。相手に食いつかせる技術として戦略2でも紹介しましたが、視点を変えればこの技術は、自分しか見えていないヒステリックなツッコミではなく、聞き手へのエンターテインメントとわかる**ツッコミのパロディ**なのです。また、これはいわば**怒りのパロディ**でもあり、怒りをポーズとして見せることで「ナメられモード」を食い止める効果もあります。**ウケる技術㉒ 同調やウケる技術❸ カミングアウト**を使って、この期に及んでさらに下手に出るスタンスも有効です。

トークに自信をつければ、容姿のことなど充分にカバーすることができるのです。顔よりトークを、整形しましょう。

After

悪1：皆川ってさ、試合後のボクサーみたいな顔してるよね。

悪2：ギャハハハ！

皆川：**おい！ オレの顔そんなにむくれてないぞ！** ウケる技術❶ ツッコミ

※このツッコミは注意が必要。自分が攻撃されたときは食ってかかった方が喜ばれる。殴り返すからこそ相手はもっと強い力で殴ることができる。コミュニケーションはプロレスである。

悪1：むくれてるって！

皆川：**むくれてねぇよ！**

悪2：おい、眠るな！ 起きろ！

目だって、ほらくっきりとしたきれいな、一重だろ！ ウケる技術㉖ ミスマッチ

皆川：**んっ……ああ、もう朝か……って目、開いてるの！ マサイ族も顔負けなんですけど！** ウケる技術㉑ キャラ変

悪1：むくれてるって！

視力2・0なんですけど！ ウケる技術⓲ ディテール化

悪1：で、いつからそんな顔なの？

皆川：生まれたときからだよ！ こっちは生まれたときからブサイクという名の十字架背負って生きてんだ。ちょっとはオレをいたわってあげようよ。　ウケる技術❶　ツッコミ

悪2：ちなみに母親似？　父親似？

皆川：これが、おばあちゃん似って言われるんだよねぇ。(明るく)……あのさ、君らオレ個人じゃなくて皆川家全員を敵に回す気？　ウケる技術❸　カミングアウト

悪3：で、整形とかは考えない？

悪2：考えるもなにも、選択の余地ないだろ。とにかく皆川はできるだけ早く貯金を始めた方がいい。

悪全員：アハハハ！

皆川：……ひどいぞ！　さっきから聞いてりゃ君らの発言、オレの顔よりひどいぞ！　ウケる技術⓮　フェイクツッコミ

悪1：いやぁ、皆川の顔ほどでは……。

皆川：……ちがうだろ！　ウケる技術㉑　キャラ変

❷ キャラ変

戦略3　神の視点

皆川：でもさぁ、お前そんな顔でよく彼女できたよな。

悪1：それがさぁ。聞いてくれよ。あいつ最近になって暴露しやがったんだけど、オレと最初にキスしたとき、「私、なんでこんなブサイクな人とキスしちゃってるんだろ……」って思ったらしいのよ！　ウケる技術❸　カミングアウト

皆川：…… 「今」です。**正直、切り返すのしんどい。**（タメ息をついて）ウケる技術

悪1：でもさぁ。正直、カッコよく生まれたかったって思うときない？

皆川：つーか思っててもロに出すなってんだよ、そういうことは！　心にしまっとくもんだろうが！　ウケる技術⓮　フェイクツッコミ

悪全員：アハハハ！

悪1：……

皆川：ギャハハハ！

㉒　同調

ウケる技術㉑

キャラ変(へん)

例

だよな、だよな! やっぱ宮崎駿は最高だよな! よかったよ話せるヤツで! ……で、どの作品がいちばん好き?

貴様はナウシカの何を見てたんだ!

キャラ変の定義

態度を急変させる

表情や口調にギャップをつけることを意識しましょう。いわゆる「ノリツッコミ」はキャラ変の一部です。

例①
（携帯電話が鳴って）ヤバい、イイ女からの電話だったらどうしよう！
（受話器を取り）……**違います。**（まちがい電話）
※期待→ショックに態度が急変している。

例②
A：お前、さすがにこの難問は解けないでしょ。
B：（あっさり解いて）
A：……**さすがです。**

イメージ
（ジュースを買ってくるよう頼まれて）

面倒だな……。 ➡ なんだよ、パシリかよ！
↓急変
で、何を飲まれます？
（ひざまずく）

ウケる技術㉒

同調(どうちょう)

例

男 「君、ボクと来る前にも他の男とここに
　　来たことあるでしょ」

女 「……4人ほど」

同調の定義
相手のネガティブな期待に応える

「この人○○なんじゃないか?」という相手の期待を読みとって、その期待に添うようなセリフを言いましょう。相手は「やっぱり!」と納得して笑います。

例
A：おまえ、さっきからオレのことバカにしてるだろ。
B：……ちょっとだけ。

ポイント
相手の期待に応えるというサービスになるのであれば、ウソをつくのもアリ。

例
女：まだ私のこと好きなんでしょ。
男：(本当は気持ちが冷めているのに) バレた?

イメージ

Before
自分 ←「ホントのところは?」 相手
自分 「フッたんだよ!!（必死に）」→ 内心 ホントはフラれたはずだ

After
相手 「ホントのところは?」 内心 ホントはフラれたはずだ
自分 「実は、フラれたんです……」

ケース8 陰険な上司の攻撃をいなす！

Before

大川課長：なんなんだよ、この営業成績は。サボってるだろお前。

部下：申し訳ありません。今月の成績は自分としても情けなく思っています。

課長：お前さぁ、一体いつまでこの仕事続けるつもり？ もう潮時なんじゃねえの？

部下：……。

課長：なんか言えよ。

部下：(涙を目に浮かべる)

課長：オイオイ、勘弁してくれよ。小学生じゃないんだから。

部下：……。

課長：とにかくさぁ、これ以上オレの足引っぱらないでくれる？ オレもこれ以上お前の面倒見きれないし。ホントやめてくれた方がありがたいくらいだよ。……(執拗に皮肉を言う)

>>> 発想のターニングポイント

ぎりぎりまで、しがみつけ。

このケースの考え方

「仕事ができない」とダメ出しをされると、人格ごと全否定されたように感じて、もう自分には何も言う権利がないのだと思い、ひとことも口がきけなくなってしまう。もちろんBeforeのように、おとなしく恐縮しているのが無難なやりすごし方かもしれません。それでも、いくらなんでも言われっぱなしになれば、ストレスがたまります。その晩飲み屋で同僚相手にグチるとなるのも考えもの。自分のダメさはダメさとして、上司のウザさはウザさとして、事態をここではいったんいい意味で「棚上げ」にするずぶとさ、があってもいいのではないでしょうか。

事実を「誠心誠意」「恐縮」の姿勢で聞き入れるのを基本として、どこまで本気で怒っているか上司のキャパをうかがいながら、**ちゃっかりコミュニケーションを楽し**

むぐらいのスタンスがあっていいでしょう。「殴られても前に出る」イメージで、「一から出直します」といった積極性とひたむきさ、前向きさをしたたかにアピールしてください。会社人生をサバイブするにあたって、自分に都合のいい開きなおりができるようになるのは、ひとつの成長ではないでしょうか。

このケースも、**「自分の最悪な営業成績」**と**「自分の意識」**を切り離して考えられるか、つまり神の視点に立てるかどうかがポイントです。

After

課長：なんなんだよ、この営業成績は。サボってるだろお前。

部下：申し訳ありません。

課長：お前さぁ、一体いつまでこの仕事続けるつもり？ もう潮時なんじゃねぇの？

部下：……潮時、ですか。

止めてください！ ウケる技術㉑ キャラ変

短い間でしたけどお世話に……（深々と頭を下げ）

課長：止めないよ。

部下：そこをなんとか止めていただけませんか！ **誰でもいいから止めて！ そこの掃除のおばちゃんでいいから止めて！** ウケる技術❾ 恐縮

課長：いや、マジな話さぁ。これ以上オレの足引っぱらないでくれる？ オレもこれ以上お前の面倒見きれないし。ホントやめてくれた方がありがたいくらいだよ。（執拗に皮肉を言う） ウケる技術❿ 切りかえ

部下：何言ってんですか、絶対やめられませんよ！

課長：……**課長の笑顔をみるまでは、ね！** ウケる技術㉔ 裏切り

課長：じゃあ、オレが笑えるような結果を出してくれよ。

部下：全力を尽くします。

課長：でも、がんばってこの結果だろ。無責任なことを言うなよ。

部下：(こいつ……まだ言うか。でももうひとふんばりだ) それがですね、課長。実は来月からボクにはスーパーアドバイザーがつくことになってるんです。

課長：……誰だよ、それ。

部下：**大川課長、あなたです！** ウケる技術❸ カミングアウト＋ウケる技術㉑ キャラ変 ボクもこのままじゃダメだって真剣に思ってるんです。でもどうしていいのかわからないんです。(課長に泣きついて)

課長：(頼られていることを伝えられまんざらでもない様子) オレだって忙しいんだよ。

部下：そこをなんとかお願いいたします。オレ、課長にアドバイスいただいて、来月の売上絶対に伸ばしますから。いきなりで申し訳ないんですけど、**今夜の**

ご都合は？　ウケる技術㉑　キャラ変

課長：……まぁ、空いてるけど。

部下：ありがとうございます！　オレ、がんばります。

いつか課長の行きつけのスナック連れてってもらえるくらいがんばります！

課長：（思わず苦笑）

　ウケる技術㉓　便乗

部下：あの店に行けるかが大川派に入れるかどうかの別れ道なんだよな……。

　ウケる技術❼　下心

課長：お前に、『ワンナイトハネムーン』は100年早い。

部下：わかってます！

でも、オレもいつか『ワンナイトハネムーン』に旅立てる男に！　ウケる技術

㉖ミスマッチ

ウケる技術㉓
便乗(びんじょう)

例

先生「そう、そう、力を抜いて楽に振ればいいんだよ〜」

生徒「ですよね、ですよね。

ついでに明日の試合ボクの名前で出てもらってもいいですか？」

便乗の定義

あつかましく相手にねだる

遠慮するより、あつかましくねだって大いに感謝した方が相手には喜ばれることがあります。ねだり上手をめざしましょう。

例①　上司：よし、ラーメンおごってやろうか。
　　　部下：×いえ、大丈夫です。
　　　　　　○**特盛りでお願いします！**

例②　A：実は、オレ、明日、○○社の最終面接なんだよ。
　　　B：**オレも連れてってよ！　となりの席で一緒に面接受けさせてくれよ。**

例③　（相手が面白いことを言ったとき）
　　　それ、オレが言ったことにしてくれない？

戦略3　神の視点

> **ポイント**
>
> 特に女性は「ねだる」ことがサービスになる場合が多いので身に付けておくこと。
>
> 例 (男が沖縄旅行のお土産を社内で配っていて)
> 男:ごめん、さっきまでお土産あったんだけど、もうなくなっちゃった。
> 女:×大丈夫、気にしないで。
> 　　○**今すぐ石垣島戻って!**

戦略4
逆

戦略4 逆

この戦略が有効なケース
相手と対等に近い関係で、ありきたりに流れやすい場面。

みんな、ありふれたコミュニケーションに、あきあきしている人は、日常生活で行われる会話が凡庸なものであること、陳腐であることに、一方で安心感を覚えながらも、一方では飽きを感じており、スパイスや刺激を求めているものではないでしょうか。

もし相手が面倒くさい人間であり、避けて通りたいのであれば、社交辞令のコミュニケーションですますのもひとつの戦略でしょう。しかし、自分をアピールして関係を深めたい相手であれば、効果的なコミュニケーションの戦略として、会話の流れにおいて、**普通の展開でない「逆」を意識すること、つまり意表を突くこと**が必要になります。

逆をねらうこと、意表を突くことには、大きく分けて三つのレベルがあります。

① 自分はいつも周りからこう思われているのと自覚しているキャラに対しその逆を演じる、**キャラクターレベルの「逆」**

② このケースにふつうであればこう臨む、その逆の構えをとる、**スタンスレベルの「逆」**

③ 話の流れの中で意表を突く、**文脈・言葉レベルの「逆」**

一つずつ説明していきましょう。

戦略4 逆

一つめの「逆」は、**その人自身がふだん思われているキャラクターの「逆」をねらって演じること**です。「人間の魅力は振り幅やギャップにある」という言い方をしますが、わかりやすい例で言えば、ふだんおとなしいと思われている人が、いきなり積極的な態度に出るというものでしょう。不自然だったりつくった感じがしないのであれば、この戦略は大きなインパクトがあり魅力を発揮します。

例 (ふだんおとなしい人が「脱げ！脱げ！」というコールに応える形で
おっしゃー！（シャツを引きちぎってボタンをとばす）

コミュニケーションは、サービスである。善意であれ、悪意であれ二つめの「逆」、スタンスレベルの「逆」について見てみましょう。
このケースであれば多くの人はこう臨むだろうというのに対して、その逆のスタンスをとるという「逆」です。普通ならヘコむべきところでトリッキーに挑発するとか、普通なら遠慮するべきところで、言葉巧みに我を通すといったイメージです。
どんなケースに対応するときも、**コミュニケーションは、サービスであること**は前提ですが、善意のサービスだけがサービスであるとは限りません。通りいっぺんの「いい人」に終わるのではない、毒と薬のリップサービス、これをめざすべきです。

例 （犬に右手をかみつかれて血をポタポタこぼしながら）
おまえ、グルメだなぁ。でも、左手の方がもっとうまいぞ。 ウケる技術㉗ 粋

例 （デートの予定が雨が降る理由でドタキャンされる）
女：ごめん。私雨嫌いだから、明日の会う予定、今度にしない？
男：×なんで。前から約束してたでしょ！
○ダメ！ 雨天決行！ 大丈夫だって！ 明日までに渋谷をドームにしとくから！
ウケる技術⓫ 詭弁＋ウケる技術⓲ ディテール化

戦略4 逆

意表を突くのは、直球だったりする

最後に、文脈・言葉レベルの「逆」について見てみましょう。

この会話の流れであれば、次はまずこう来るだろう、**相手はなんとなくそう予想しているだろう、という空気を読んで、その裏をかくこと。**直球と見せかけて変化球、変化球と見せかけて直球を投げるといったイメージですが、ここでは「直球」の効用を強調しておきます。ふつうなら躊躇したり気をつかったりしがちな場面で、直球、つまりストレートな感情表現をビシッと決めるのは、ヘタに変化球を投げるよりも、意表を突く効果がはるかに大きいのです。度胸さえそなわっていれば強力な武器になるので、アタマの片隅に置いておくといいでしょう。

例 A：お前ってさぁ、お偉いさんの前だとコロッと態度変わるよな。（皮肉っぽく）
B：**だって出世したいんだもん！ ウケる技術㉕ カウンター**

例 A：(勘定を支払うときに)
　　 B：ここはボクが出しますから。
　　 A：いや、ここはボクが……（金を払うフリをして）
ごっつぁんです！ ウケる技術㉔ 裏切り

ケース9　腐った友人を生き返らせる!

Before

（居酒屋で）

A:……。（うつむいている友人）
B:元気出せよ。見てる人は見てるから。
A:いや、誰もわかってくれないよ。オレがどれだけ会社のために尽くしてるかなんて。
B:そんなことないって。
A:じゃあなんでオレが飛ばされなきゃならないんだよ!
B:修行だと思って、勉強してこいよ。
A:……ああ、なんかまたブルーになってきた。
B:(なんだコイツ。わざわざ来てやったのにこっちまで滅入ってくるわ)

戦略4 逆

発想のターニングポイント

寄り添うだけがサービスじゃない。

このケースの考え方

腐っている相手の悩みを聞く。このケースほど、「コミュニケーションはサービスである」ということの解釈が大きく変わるものはありません。

ふつうに考えれば、相手に思うぞんぶん話させることでスッキリさせる方法、つまり話しやすい、よい聞き手となるのが正攻法でしょう。膿を出させることに徹し、かりに「オレこんなことしちゃって……最悪だろ?」とコメントを求められたとしても、「そこがお前のいいとこなんじゃないか!」などと励ますにとどめる。

解決策をこちらから提案せず、相手に自己完結させる、いわば自己完結サービスです。くわしいテクニックは他の「聞き上手」本にまかせるとして、これを善意のコミュニケーション・サービス、とまとめておくことにしましょう。

もう一つの方法は、定石の裏をかいた、いわば**悪意のコミュニケーション・サービス**です。「スタンスの逆」を行く、逆療法的なアプローチ。

ヘコんでいる相手に同情せず、突き放した間合いでライトに接し、愛のある追い討ちをかけるやり口。もちろん、相手の悩みの質をよく考えた上で選択すべき方向であり、前者のアプローチで対処すべきケースも多々あります。判断基準として、**相手が事実より気分ベースで落ち込んでいるときに有効なアプローチ**だといえるでしょう。

Afterの会話ではこちらを採用しました。

責められると、責められっぱなしになりつつも、どこかで反発に転じてくる、それが人というものではないでしょうか。その反発は、元気をとりもどすきっかけでもあるのです。ベースには愛を、舌には技術を駆使して、トリッキーに友人を元気ゾーンにひっぱりあげてしまいましょう。

戦略4 逆

After

A：……。（うつむいている友人）

B：こういうときってさ……。「元気出せよ」って言われても元気出るわけねーっつんだよな。 ウケる技術㉚ 悪い空気

A：まったくだな。

B：今、オレ、そういうヤツになりかけてた。そんなありふれたヤツになりかけてた。**間一髪**だったよ。 ウケる技術❷ 建前

A：別に、ふつうに相談に乗ってくれればいいよ。

B：**断る！** ウケる技術㉕ カウンター

オレはお前の親友だと思ってるし、どこの馬の骨ともわからない連中と一緒のこと言ってたらオレのプライドが許さねぇ。だからオレは、誰もマネできないような最高のアドバイスをしたい。

A：じゃあ、オレはどうすればいい？ このウザい辞令を受けて会社に残るか、それとも……。

B：そうだ！ お前さ……最近ちょっと疲れてるよ。休みとって旅行にでも行った

A：らどうだ？　まだ有休残ってんだろ。

B：でも……旅行ってどこに？

A：そりゃ、お前……**富士の樹海**とか。　ウケる技術㉔　裏切り

B：死ねってこと？

A：そう！　**死ねってこと！**　ウケる技術㉕　カウンター

B：お前、ふざけてるだろ。

A：**大いに、ね。**　ウケる技術㉕　カウンター

B：……ホントごめん。ごめんって！　許してよ。オレが悪かった！……あれ？　お前の飲み物なくない？　すみません、焼酎 水割り！

A：**トリカブト入りで！**　ウケる技術㉔　裏切り

B：**正解！**　ウケる技術㉕　カウンター

A：お前、絶対オレのことバカにしてるだろ！

B：いや、ちょっと待って、帰らないで！　だって……だってさあ……**よくわかんねーんだもん！**　ウケる技術❸　カミングアウト「会社辞めろ」とか気軽に言えないだろ！　わかんねーよ、これ ばっかりは！

A：オレだってわかんねーんだよ！

戦略4 逆

B：オレなんかもっとわかんねーよ！ ウケる技術⑭ フェイクツッコミ
A：お前、最高のアドバイスするんじゃなかったのかよ！
B：できるワケねーだろ！ オレにそんな芸当できないのはお前が一番知ってるだろ！ だから誰もオレに相談しないんだよ。 ウケる技術㉔ 裏切り

※最初「誰にもできない最高のアドバイスをする」と宣言しておいて、「そんなアドバイスできるわけがない」とぶっちゃけるという、矛盾した構造になっている。

A：ハハハ。まぁそうだわな。
B：お前くらいだぜ、オレを頼って相談してくれるのは。そういうとこなのよ。オレが好きなのはお前のそういうとこなのよ！ ウケる技術㉗ 粋
A：別に相談したつもりじゃねーし！（笑）
B：オイ！ 悲しいこと言うなよ！

ウケる技術㉔

裏切り

例

母「わかった？　大根1本とねぎ3本をレジに置いて、

『お金忘れちゃいました！』
って言うのよ」

裏切りの定義

相手に次の行動を読ませておいて、逆を言う

「この話の流れだと、当然こういうことを言うだろうな」という相手の想像を裏切ります。相手の意表を突くために、**言い方にギャップをつけましょう。**

例 (小学生が遠足の準備をしながら)
お弁当と、おやつと……**あとドストエフスキー。**

戦略 4 逆

ポイント
ウケる技術❻自分ツッコミのように、相手の反応しだいで逆を言うのがコツ。

例　A：井川ってさ、電車で立ってる老人見たら、席ゆずるんだよ。エラいヤツだよな。
　　B：あ、そう。（面白くない表情）
　　A：(Bの表情を読みとって)
　　　だから縁切ろうと思って。井川みたいな偽善者とは。

イメージ

最近流行ってる店
紹介してあげるよ　→　白金の「ルクソール」って知ってる?

「マクドナルド」って知ってる?

ウケる技術㉕

カウンター

例

男 「あの……」

男 **「君に聞いてない」**

普通ためらうところを即レスで言う

カウンターの定義

相手のフリに対して、人としてやましいこと、タブー性のある内容ですばやく切り返すことです。

例
彼氏：愛ってなんで測れるのかな？
彼女：ダイヤです。
彼氏：いや、僕が言ってるのは……
彼女：ダイヤです。

ポイント

普通ならためらうことを口にするという点で、ウケる技術㉓ 便乗と類似している。これらの技術をカウンターと合わせ技にすることも可能。

例
男：（高級寿司屋で）
男：君はどうする？ 好きなものを頼みたまえ。
男：×えっと、じゃぁコハダを……
○トロで!!

イメージ

「子どもが受験で……」 自分

上司 「秋田に赴任してくれないか……」

「ビバ、ナマハゲ！」 自分

ウケる技術㉖

ミスマッチ

例

赤ん坊「おそれ入りますが……用を足させていただきました」

ミスマッチの定義

話の文脈と違うモノを組み合わせる

普通の会話の流れやフレーズに、頭の中で違うものを組み合わせてみて、アリだと判断したら口に出す習慣をつけましょう。

例①　A：おなか痛いからトイレ行きたいんだけど、ティッシュ持ってる?
　　　B：持ってないな。**iPodならあるけど。**

例②　電話番号教えて。**パントマイムで教えて。**

好きな食べ物を聞いて「アボカドが好き」と答えた女性に対して、ミスマッチなフレーズを作るイメージをみてみましょう。

イメージ

私、アボカドが好きなの。
　↑　↑　↑　↑
- オレの上半身アボカドだよ。
- アボカド以上、マンゴー未満て感じ?
- アボカドおいしいよね、オレも好き。
- 大事なことは全部アボカドに教わったよ。
- そういえば最近の中央線、アボカドでさぁ。

ウケる技術㉗
粋(いき)
例

先生「どうしてあなたの体は浮かないのかしら……」

生徒**「先生のスベスベした手が絶妙な場所に当たって、下半身がリキんでしまうのです」**

粋の定義

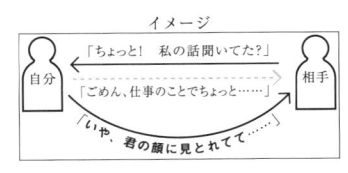

相手をいたわりながら切り返す

①自分に落ち度がある場合は相手を持ち上げ、②相手に落ち度がある場合は相手の気持ちをケアする、粋な言いまわしを狙いましょう。

例①
女：何？ 私の手料理が食べきれないってわけ？
男：いや、**あんまりおいしかったので……小分けにして少しずつ食べたいのでテイクアウトしていいですか？**

例②
（デートの待ち合わせ場所で彼女がナンパされていて）
ナンパ師：あれ、彼氏？ すみません。
彼氏：**いえいえ、彼女も自信がついたと思うんで。**

イメージ

「ちょっと！ 私の話聞いてた？」
自分 ← 相手
「ごめん、仕事のことでちょっと……」
「いや、君の顔に見とれてて……」

ケース10 上司のウザい誘いを切り抜ける！

Before

部長：おい、今日仕事終わってから一杯行かないか？
部下：すみません……。このあとちょっと予定が。
部長：しょっぱいヤツだな。
部下：……すみません。
部長：なんだ、デートか。
部下：いや……まぁ、そんなとこです。
部長：もういいよ。他のヤツ誘うから。
部下：すみません……。

戦略4　逆

>>> 発想のターニングポイント

嫌われたくないと思うほど、好かれなくなる。

このケースの考え方

「すみません、今日はええと、モゴモゴ……」とお茶を濁したくなるのが人情というもの。しかし、それでは「ハッキリしないヤツだなあ」と思われて逆にマイナスです。

「今夜は彼女とのデートである」ということを、上司の気持ちをケアした上で、どうぶっちゃけていくか。**スタンスの逆**が有効なケースです。

普通であれば社交辞令というオブラートに包んでしまいがちな「デート」などの直球的表現を、タイミングよくぶっちゃけること。それでいて、上司は内心ではイジけていますから、そのメンタルケアとして「部長のことが好きですよ」「部長に悪い気をさせたくはないんです」というアピールになる愛情表現をふんだんに盛りこむことが大切です。

After

部長：おい、今日仕事終わってから一杯行かないか？

部下：すみません……。実は、ぶっちゃけ今日デートなんですよ。

部長：お前、オレと女どっちとるんだよ。

部下：ぶっちゃけ、女ッス。 ウケる技術㉕ カウンター

部長：お前、ぶっちゃけすぎだろ。

部下：すみません。

でも、ぶっちゃけオレ、部長好きですよ。最後はサウナで汗をぬぐいながら明日の出勤時間ギリギリまで語り明かしたいですよ。 ウケる技術⑱ ディテール化＋できることなら部長と五軒はしごして、 ウケる技術㉔ 裏切り

ウケる技術❷ 建前

部長：だろう。

部下：でも、残念ながら……

部長とはベッドを共にすることはできませんから。 ウケる技術⓫ 詭弁(きべん)

部長：そりゃそうだな。

部下：オレが部長のしゃぶることはできても、部長にしゃぶってもらうことはでき

ないじゃないですか。 ウケる技術⓳ ディテール化

部長：いや、オレだってやるときは、やるよ。そりゃ、しゃぶるさ。

部下：なに意地になってんすか。部長とオレのそんな関係は、マズいッス。**社内的にマズいッス。** ウケる技術㊳ 決まり文句

……なんでこんな話になってんスか。 ウケる技術❻ 自分ツッコミ

部長：お前がオレを抱けないなんて言い出すからだろ。

部下：あ、そうでしたね！　だから今日だけは勘弁してください。

ただ、部長を「抱く・抱かない」案件は、今週中に**社内のコンセンサス**とっておきますから。**オレマター**で。 ウケる技術㉖ ミスマッチ

戦略5 チューニング力

戦略5 チューニング力

この戦略が有効なケース
ある程度相手と仲良くなった後に、さらに関係性を深めたいとき。

ある程度相手と仲良くなった後に、さらに関係性を深めたいとき。

意中の女性との初デートにこぎつけたAさん。がんばっています。デートを盛り上げるために必死です。

ここでも、Aさんに登場してもらいましょう。

相手を観察していなければ、相手の波長はつかめない

（待ち合わせ場所で）
A：いやぁ、人ゴミの中でも一瞬でわかったよ。君、輝いてたから！
女：なにそれ。（サムーい）
A：……。（あれ……この前ウケたんだけどな、このセリフ）
（2時間後）
A：いやぁ、こうやって周り見ても、今日のベストカップルはオレたちで決まりだなぁ。
女：……。（サムいんだけど、この人）

女性は全然盛り上がっていません。またしても、Aさんのコミュニケーションに暗雲が立ちこめているようです。前回あるネタで刺さったからといって、味をしめてそればかりの方向でいくと、相手の好みとズレた、独りよがりで単調な攻めになってしまいます。これでは、いつまでたっても相手のツボを把握することができません。**相手の波長に合わせてくり出す言葉を変化させていくという「チューニング」の発想が**なければ、いつまでたっても相手の懐（ふところ）に食い込むことはできないのです。Aさんにはこの意識が希薄なのかもしれません。

一方のBさんはどうでしょうか。

（待ち合わせ場所で）
B：いやぁ、人ゴミの中でも一瞬でわかったよ。君、輝いてたから！
女：なにそれ。（サムーい）

（2時間後）
B：……君もカワイイ顔してひどいこと言うなぁ！
女：そうかなぁ。
B：ぶっちゃけ君、友達少ないでしょ。（おどけて）
女：あ、ひどーい！
B：お昼休みに屋上のベンチでひとりで弁当食べるタイプだね。で、なかよしグループのバレーボールが脚に当たって、「チッ」とか舌打ちするんだよ。

女：あのね、一緒にランチ食べる友だちくらいいるんですけど。(笑)

会ってしばらくは、AさんもBさんも「無難なお世辞」モードで押していることに変わりないのですが、同じパターンに固執するAさんに対し、Bさんは最初のモードが相手に刺さっていないことを察するや否や方針転換し、おそらくは試行錯誤を経て、どこかで「毒舌」モードがツボだとつきとめたのでしょう。2時間後にはすっかりソフトなサディストとなって、相手をトリコにしています。

AさんとBさんの違いは、相手の波長に「チューニング」する意識があったかどうかになるわけですが、では一体、どのような手続きをふめば、「チューニング」することができるのでしょうか。

カギは、**自分本来のキャラ、生まれつきのキャラとは逆の、「裏のキャラ」を持つこと**です。

人間はだれしも、人と話すとき生まれつきのキャラクター、お決まりのパターンを持っていて、そのキャラと相性が合っている人だけを、自然に引き寄せ合っているものです。しかし、私たちは「ふつうの人」で終わりたくありません。ビジネスでも恋愛でも「成約」につながる可能性を持った「見込み客」をできるだけ増やしたい、そ

んな欲望を持っているはずです。だとすれば、生まれつきの芸風ワンパターンのまま、いつもそれで行ってしまうのではなく、後天的な努力をすべきです。自分本来のキャラとは「裏」の人格を身につけましょう。

といっても、難しいことではありません。あなたは日ごろからすでに、ツボのわからない初対面の相手によって、二つの相反するキャラクターを無意識に選択し、演じ分けていたりするのではないでしょうか。つまり、

・上手に出るか、下手に出るか
・優しくするか、ヤンチャでいくか
・Sでいくか、Mでいくか
・聞き役にまわるか、自分のペースで引っぱるか

といった判断を、なんとなくしているはずなのです。

この無意識の裏キャラを、場合に応じて意識的に演じるうちに、潜在的に持っている裏の性格が引き出されて、自然なものになるはずです。顔を二つ持っておくだけで、かなり多くの人に対応できるようになるでしょう。

二つの顔を適切に使い分けてさえいれば——よほど相性が悪かったり、読み間違う

ことがなければ——相手は会話のどこかで心を許すはずです。

相手がシッポを見せた一瞬、**相手が心を許した一瞬を見逃さないこと**。まさにそれが相手のツボだからです。相手のガードがはずれたところを、機関銃トークでラッシュして、相手のフトコロをぐいぐいと押しひろげるぐらいに攻めるのが理想です。そのためには、ヒートアップしたノリでまくしたてながらも、一方で**相手の反応をよく観察していること**が肝心です。

皆さんもぜひ、日ごろ攻略したいと思っている相手のツボを思い浮かべてみてください。上司がマゾだとわかれば、僭越（せんえつ）なサディストとなり、先輩は奥さんに目がないとわかれば、あの手この手で奥さんをほめればよいわけです。なるべくすみやかにそのツボのありかを察し、一度わかったらそこに執拗（しつよう）なまでにたかれるか。これが、コミュニケーションにおける「チューニング力」であると規定しておきます。

とくに相手が女性の場合に言えることですが、**相手が自分のジョークで笑ったら、かぶせるようにして自分も笑ったり、同じフレーズを繰り返したりする**のは非常に有効です。相手と自分のツボが似ていることが無意識のレベルでアピールでき、打ちとけた状態が急速に近いものとなります。これはいたってシンプルですが、あなどれない強力なテクニックです。

ケース11　彼女の父親に挨拶に行く！

Before

男：A子さんとお付き合いさせていただいている川田です。

父：ああ、どうも。（沈黙）

男：あ、釣りをされるんですか。（部屋に掛けてある魚拓を見つけて）

父：まあ趣味程度にね。君もやるの？

男：それはもう、釣りは昔からやって……ません！　すみません！　ウケる技術㉔　裏切り

父：なんだ、やらないのか。（苦笑）

男：でも**今日から始めます！**　ウケる技術❷　建前

父：無理しなくていいよ。

男：**無理したいんです。どんな手段を使ってでもお父さんに気に入られたいんです！**　ウケる技術❼　下心

父：……。（調子の良いやつだなあ）

発想のターニングポイント

点でなく、面でとらえよ。

このケースの考え方

男であれば必ず一度は通るであろう緊張のケースを取り上げました。

頑固親父のような強敵に対して、初対面の定石でいくならば、ウケる技術「建前」などを使い、社交辞令的でガイジン化したテンションで臨むというところまではできるでしょう。

でもそれだけでは、単なるノリのいい人、調子のいいやつとして上滑り・先細りしてしまいかねません。ちょっとしゃべった感じで、この父親は、じっくり腰を落ち着けてお眼鏡にかなうか自分を確かめようとしていることはわかるのですから、速攻で攻め落とすとかいうことは狙わず、どう受けるかの方に重心をおいて、いろんな球を投げて揺さぶりをかけてみましょう。最初は試行錯誤でいいので、返ってくる球をし

ぶとく切り返しながら、途中で接点を見つけて仲良くなるチャンスをうかがうイメージです。

第一印象より第二印象で、勝負してみてください。

そしてもう一つ、敵の弱点を探ることも大事です。そこを切り崩せば、場の空気がアウェイからホームに変わるような、盲点。それに気づくためにも、点（品定めする頑固親父）でなく面（俯瞰した周囲の状況）、にチューニングするというスタンスが重要です。

マン・トゥー・マン・ディフェンスから、ゾーン・ディフェンスへ。ガチガチになって視野が狭くなりがちなケースだからこそ、このように発想を切り換えることが肝心です。

After

男：A子さんとお付き合いさせていただいている川田です。

父：ああ、どうも。(沈黙)

(部屋に掛けてある魚拓を見つけて)

男：あ、釣りをされるんですか。

父：まあ趣味程度にね。君もやるの？

男：それはもう、釣りは昔からやって……**ません！** すみません！ ウケる技術❷ 裏切り

父：なんだ、やらないのか。(苦笑)

男：**でも今日から始めます！** ウケる技術❷ 建前

父：無理しなくていいよ。

男：**無理したいんです。どんな手段を使ってでもお父さんに気に入られたいんです！** ウケる技術❼ 下心

っていうかお父さん梅宮辰夫に似てません？ ウケる技術㉑ キャラ変＋ウケる技術㉙ レッテル展開

母：(笑)

父：ちょっと母さん笑いすぎ。

男：ちなみにお母さんはクラウディアさんの100倍お綺麗(きれい)ですけどね。　ウケる技

術❷　建前

母：あら。この子いい子ね。

父：お母さん簡単に気を許しすぎだよ。

母：いいじゃないの。ねえ。

父：お前はそうやってすぐ人を甘やかすから。（不機嫌そうな顔で）

男：**お父さん、『仁義なき戦い』の辰兄の顔になってますよ。**　ウケる技術㉙　レッテル展開

母：（笑）

父：で？　君、A子とはどれくらい付き合ってるの？

男：2年ほどお付き合いさせていただいています。

父：どうなの？　ちゃんとやっていけそうなの？　A子を悲しませるようなことしたら承知しないよ。

男：お父さん。確かにA子さんはお美しい。

（母を見て）**A子さんはお母さん似ですね。**　ウケる技術❿　切りかえ＋ウケる技術❷　建前

母：あら。いい子ね。

男：(父を見て)しかし、お父さん僕を見てくださいよ。**僕の顔の大きさ、羽賀研二の3倍はありますよ。**　ウケる技術❸ カミングアウト

父：確かに、お前、カワハギみたいな顔してるな。(笑)

男：……お父さん。**初対面でカワハギはさすがに失礼。飲んで。**　ウケる技術❽ タメロ

(ビールをつぐ)

父：どうしてA子はこんなカワハギと。

男：**お父さん！ さっきまで「カワハギみたいな人」だったのに、今となっては、僕＝魚類じゃないスか！**　ウケる技術❶ ツッコミ＋ウケる技術㉑ キャラ変

父：お前知らないのか？ カワハギは焼いたらうまいんだぞ。

男：なるほど！ じゃあ僕の顔を焼いてお父さんに差し出せば……**アンパンマンじゃないスか！**　ウケる技術❶ ツッコミ＋ウケる技術㉑ キャラ変

※**ウケる技術❶ ツッコミ＋ウケる技術㉑ キャラ変**はいわゆる「ノリツッコミ」である。

父：今度一緒に行くか、カワハギ釣りに。

男：いいですねー。こうお父さんがカワハギを釣ってね、キャッチアンドリリースだってカワハギの代わりに僕を川に投げ込んでね……**お父さんそれが狙いですか？** ウケる技術㉑ キャラ変＋ウケる技術⑲ 深読み

父：別に無理しなくてもいいんだよ。（笑）

男：いや、行きます！**どんな手段を使ってでもお父さんに気に入られたいんです！** ウケる技術⑦ 下心

お父さん、今日からボクのことを**川田ハギオ**と呼んでください！ ウケる技術㊴ 韻

カワハギ

ウケる技術㉘
天丼(てんどん)

例

女「あなたの話をまとめると、**つまり、『私を抱きたい』ってことね**」

男「違います」

女「……なるほど。あなたの言いたいことはよくわかったわ。**つまり、『私を抱きたい』ってことね**」

男「違います」

天井の定義

一度ウケた言葉を再度登場させる

相手のツボをくりかえし刺激するために「一度ウケたフレーズやトークの構造」を記憶しておきましょう。

一度出た言葉を忘れたころにミスマッチさせる

例
A：会社、やめちゃったんだ。
B：はい。あの業界じゃ勝ち目ないなって思ったんで。
(話は変わって)
A：結局、ナンパ失敗して、すぐ帰っちゃったんだ。
B：はい。**あの業界じゃ勝ち目ないなって思ったんで。**

同じツッコミをテンポよく繰り返す

例
A：遅れて、ごめん。
B：……お前、寝起きだろ。
A：違うって。じゃあ、映画行こうか。
B：映画館そっちじゃないよ。……**お前、寝起きだろ。**
(と言って映画館と逆の方向に歩き出す)

ケース12 お客さんとの間合いをつめる!

このケースでは、短時間勝負ではない典型例として営業の場面を取り上げました。1日目で相手のツボをじっくり探り、2日目以降でそれを生かしていくスタンスを見ることにします。

1日目

A：Bさん、前に会ったときより肌のツヤよくなってませんか?
B：そうですかねぇ?
A：運動でも始めたんですか?
B：そう。実は私、サーフィンを始めまして。
A：サーフィン!? またあ、陸サーファーじゃないですよね。
B：(ちょっとムッとした様子)違いますよ。Aさん、サーフィンは本当にすばらしいスポーツですよ。最初立つまでに時間かかるんですけど。最初にボードの上に立てたときは本当に感動

A：しましたよ。やってない人にはわからないかもしれないけど。
B：なるほど。意外と硬派なスポーツなんですね……。
A：今日は、村田部長はいらっしゃらないんですか?
B：ええ。部長は海外出張中です。
A：相変わらずがんばってますね、村田部長は。
B：……別に行かなくてもいい仕事だと思うんだけどなー。
A：(あれ? 村田部長のこと嫌いなのかな……)
そうなんですか?
B：でも、おいしいモノ一杯食べて帰ってくるんでしょうね。(皮肉っぽく)
A：(どうも村田部長のことを嫌っているようだ。だとすれば……)いいなぁ、村田部長。でも気をつけないと、最近部長太ってきたような……。
B：確かにビールっ腹ですよね。
A：ダメじゃないですか。ボクがオブラートに包みながら話してるのに! でも、こうやって噂話してると、村田部長、海の向こうで「へっくし!」ってくしゃみしてますよ。で、「へっくし!」ってやったときに、ふくらんだお腹がプルルンとふるえるんでしょうね。

B：それ面白い。
A：村田部長の海外出張は『世界プルルン滞在記』といいますか……ね。
B：言いすぎ！ Aさん言いすぎ！（笑）

>>> 発想のターニングポイント

> 相手が食いついてきたポイントは、使いまわしがきく。

このケースの考え方

このケースで取り上げるテーマは、**悪口**の効用です。世間には人の悪口を言ってはならないといった暗黙のオキテがありますが、使い方によってはこれほど人との距離を急速に縮める「本音」のツールはないでしょう。

もし、話し相手がある人のことを快く思っていない、自分とその人を同じレベルに扱われたくない、むしろ見下せたら気持ちいいとさえ思っている、このように判断できる場合には、思いきって第三者のユーモラスな陰口を口にすることで、相手との間に

やましくも快い「共犯関係」を作ることができます。

1日目の会話でも行われているように、どんなに相手が好きでない上司であっても、外部の人間である自分と、自社の上司を天秤にかけたら、重要度は上司のほうが上かもしれないこと、そうであれば自分の悪口がその上司に告げ口される可能性もあることと、こういった**人間関係の石橋を叩くような事前判断が必要**になります。その上で、自分と相手が心を開きあい充分に打ちとけた状態にある、と判断できれば、ゴーなのです。仮にチクられたとしても、リスクヘッジ（ヨイショ）を添えておけば心配ないでしょう。

慎重な判断と大胆な行動のバランス感覚にすぐれた者だけが、リスクを取るセンスに長けた、「悪の営業マン」になれるのです。

2日目

A：どうですか？　最近サーフィンの方は？

B：いやぁ、行ってますよ！　もう仕事ほっぽり出してサーフィン行きたいくらいですから！

A：**仕事中に大胆ですね！**　ウケる技術❶ ツッコミ

じゃぁBさん今度一緒に海行きましょうよ！　いやぁBさんがサーフィンやってるって聞いてからちょっと声かけたんですけど、サーフィン教えてほしいって女の子結構いるんですよね。

B：いいですねぇ！　行きましょう。

A：それでみんながサーフィンやってるとき、ボクはパラソルの下で微笑んでいますよ。**貴婦人のように。**　ウケる技術⓭ ディテール化

B：なんでですか。一緒にサーフィンしましょうよ！

A：**いやぁ、実はボク……泳げないんです。**　ウケる技術❸ カミングアウト

でも、Bさんが波に飲まれたときは、ボクはライフセーバーとして海に飛び込みますよ！　**「Bさん、今行きますよ！」**みたいに。　ウケる技術⓭ ディテール化

B：でも、泳げないんでしょ。

A：ええ、**結果としてボクが溺れてBさんに助けてもらうことになるでしょうね。**

　ウケる技術㉔　裏切り

B：ダメじゃないですか、それじゃあ。(笑)

　※サーフィンのできるBとできないAという対比によって、Bを持ち上げつつ笑いをとっている。

A：あっ、村田部長帰ってきたんですか？　お帰りなさいませ。

村田：おお～。ただいま。

A：いやぁ部長、ずいぶんとこんがり焼けましたね！　どこに行ってらしたんですか？

村田：まあタイからベトナム、東南アジアをまわってたね。

A：**それ、『世界プルルン滞在記』じゃないですか！**　ウケる技術㉘　天丼

B：(笑いをこらえる)

A：(村田部長には恐縮して)

　ところで**例の件ですが……。**　ウケる技術㉑　キャラ変

　(Bに目くばせする)

戦略6
番組化

戦略6　番組化

この戦略が有効なケース

その場の間がもたない、と感じられるとき。

間がもたないときこそ、サービス精神が問われる

Aさんは部屋でテレビを見ています。そして、Aさんの彼女はだるそうに料理を作っています。二人の間に会話はありません。そう、マンネリが訪れたのです。

> A：アハハハ！　みのもんた最高！（テレビを見て笑っている）
> 彼女：……。

たとえ相手が本心から好きな彼女であっても、付き合いはじめてから時間が経過すれば自然とマンネリが生まれ、会話には「間」が生まれるものです。その間がポジティブな間、黙っていても愛を確認できるような心地いい沈黙であればよいのですが、そうでない不快な間、「沈黙は最大の敵」であるような場合には、どうしたらいいのでしょうか。時間を経た間柄だけに、今まで見てきたような、初対面の相手に食い込

戦略6 番組化

んでいくいわば「新規獲得」型の戦略では乗りきれない感じがします。Bさんも彼女と短くない関係にあり、彼女は今料理を作っています。BさんはAさんのような鈍感さでテレビを見ほうけるのでもなく、彼女の横でしきりにちょっかいを出しているようです。

B：オイ！ オレにも何か仕事くれよ！
彼女：アンタどうせ足引っぱるだけでしょ。
B：あ、バカにしてるね。オレはこう見えても小学生のとき、家庭科の授業で作った味噌汁に入れた大根の切り方を先生から微妙にホメられたことがあるんだぞ！
彼女：でも邪魔だから。座ってテレビでも見てってよ。
B：イヤです。じゃあオレ今から味噌汁作るわ。で、**君の作っているオムライスと勝負だ！**
B：(料理ができあがり、試食)
彼女：(味噌汁を飲んで)**な……なぜなんだ！**
B：あのねぇ。味噌汁ってのは、味噌入れればいいってもんじゃないのよ。(居丈高に)
B：く、くそっ！ **君の作ったオムライスがこんなにうまくなけりゃオレも一言えるのに！(オムライスを食べ、味噌汁を飲んで)** うん。味噌汁のまずさが引き立ちますね。

AさんとBさんはまず、根本的なスタンスからして違います。Aさんは二人の間に訪れているマンネリを、わかっていながらも自分からなんとかしようとしません。いわば「お客さん意識」があるわけで、**コミュニケーションはサービスである**という本

書の根本条件にかなっていないのです。当たり前のようですが、現実としてこういう
ケースはありうるので、注意が必要です。Bさんは強引ながらも自分から相手を楽し
ませようとしている点で好感が持てます。

　Bさんがとっている戦略は、**その場の偶然のきっかけで非連続的に流れるものであ
る会話に、ゴールや目的、ルールを設けて、なかば強制的に盛り上げてしまうこと**、
会話をいわば「テレビ番組」化する戦略です。テレビ番組には勝負事や対立構造を持
ち出して、いやがおうにも盛り上げるといった手法がありますが、それと同じように、
自然であればランダムに拡散していく性質である会話に、ひとつのルールを与え緊張
と集中を強いるものです。とりとめもないおしゃべりより、目的のある会話の方が熱
くなり、盛り上がる性質のある**男性の生理にかなった戦略**であると言えましょう。

　これは倦怠期(けんたいき)を迎えた恋人どうし・親友どうしだけでなく、初対面の相手にも有効
な戦略です。じっくりと相手の内面と対話していくというよりは、初対面特有の
「間」を手っとり早く埋めてしまいたいというときに効果を発揮するでしょう。

マンネリ気味のカップルが「番組化」

(待ち合わせ場所で)

彼氏：あの、すみません。私Hプロダクションの者ですけど、芸能活動とか興味あります？

彼女：すみません。人と待ち合わせてるんで。

彼氏：そんなに時間はとらせませんから。待ち合わせって彼氏とですか？

彼女：ええ、まぁ「彼氏B」ってとこです。

彼氏：**「彼氏B」**ってなんだよ！ 2番目か、オレは2番目なのか！

彼女：(笑)

ウケる技術㉛ ロールプレイング

煮詰まった会議で「番組化」

社員A：……今日の会議はいつになく**沈黙力**がありますね。

社員B：もう時間も時間ですし、**やっつけ力**で行きますか？

部長：今、ふと思いついたんだが

社員A：お、**部長力**出ましたね。

部長：これ以上の会議は**無意味力**が高くないか？

社員A：確かに、ここはいったん**睡眠力**に頼った方がいいかもしれませんね。

社員B：それでは私は倉庫から**毛布力**を。

部長：お前、相変わらず**くるまり力**が高いなぁ。

ウケる技術㉖ ミスマッチ

初対面の相手と「番組化」

(就職面接の待合室で)

男：ボク、今日が面接初めてなんですよ。

女：そうなんですか。私もです。

男：でも、こうやって見てると、面接室から出てくる人の顔でうまく行ったかそうじゃないかわかりますよね。

女：そうかもしれませんね。

男：(ちょうど面接室から出てきた人を見て)あの人なんて、まちがいなくやらかしてますよ。あの落ちきった肩がすべてを物語ってます。

女：ひどいなぁ。(笑)

ウケる技術㉙ レッテル展開

男：あ、あの人はどうです？

女：うまくいったみたいですよ。ちょっと笑ってますから。

男：いや、あれは自分を客観視できてないタイプですよ。スーツのすそも短いし。髪の毛の分け目も中途ハンパです。

女：分け目は関係ないんじゃ……。(笑)

男：いや、この会社のOBに聞いた話だけど、社長が常日頃から言ってるらしいですよ、「全ての責任は分け目にある」と。ちなみに社長が一番良しとしてる分け目は、右7に対して

左が3……（女の髪を指差してあわあわとしながら）完璧だ……。 ウケる技術㉖ ディテール化＋ウケる技術❷ 建前

女：（笑）

会話に目的を設定すると、そのプロセスで「失敗」や「成功」など、笑いのきっかけになるような要素が生まれてきます。テレビ番組でいう、ゴールまでの道行きで起こる人間ドラマと同じ原理です。これこそが番組化の効用といえるでしょう。

ケース13 間がもたない初対面をしのぐ!

Before

(CからBを紹介されたが、Cがすぐにその場を離れてしまい喫茶店で二人きりの状況。Bに関する予備知識はないものとする)

A：雨、強くなってきましたね。
B：そうですね。
A：……。
B：……。
A：(何かしゃべって間を埋めないと……)
　あの、Bさんのお仕事は?
B：家電メーカーに勤めています。
A：へぇ。そうなんですか。
B：……。
A：……。(コーヒーに口をつける)

発想のターニングポイント

会話をクイズ番組にしてみよう

このケースの考え方

話をふって、相手の答えの中で生まれた「ひずみ」を拾ってツッコミを入れ、笑いにつなげていく。これが会話の正攻法であり、戦略5で見たチューニングのはじまりです。ですが、Beforeの会話では、話をふっても相手の答えがそっけなく、それ以上ころがすことができません。特徴が少ない相手だけに、きっかけもつかみにくい。当然、へんな間ができてしまう。

こうした場合は、思いきって方針転換してしまうのがいいでしょう。**正攻法＝チューニングから裏技＝番組化に**、です。初対面で使える簡単な方法として、クイズ形式の番組化があります。相手の職業、血液型、プライベートなどの要素をクイズ化して「当てる」という目的を設定します。当然、唐突なものにならないように、自然な流

れで「番組」を盛り込んでください。

番組化は会話をころがすきっかけ作りに有効ですが、よく使うころがし方として、

ウケる技術㉙ レッテル展開を挙げておきます。これは一度相手に貼ったレッテルを、ベタなわかりやすい連想で展開する技術です。コミュニケーション・スキルにおいて重要な能力である**連想**をみがくにはうってつけのトレーニングになります。

After

A：雨が強くなってきましたね……。と、まずはイギリス紳士風に天気の話題を。 ウケる技術㉚ 悪い空気

B：（笑）

A：Bさんは何のお仕事をされているんですか？

B：ええっと……。

A：（Bさんを手で制して）おおっと、ボクに当てさせてください。ボク職業当てるのメチャ得意なんですよ。 ウケる技術⑳ アピール

B：じゃあ、お願いします。

A：ボクの人間観察学の見地から言わせてもらうと、やはりふだんの生活に出ちゃうんですね、その人の職業が。本人は意識してなくとも、職業病って言ったらいいんでしょうか。（「職業当てるの得意です」というセリフをもっともらしくする） ウケる技術⑳ アピール

B：なるほどねぇ。

A：そこで！ ……実は先ほどBさんがコーヒーを飲むとき、スプーンをちらっと見たわけですね。それも真剣な眼差（まなざ）しで。それをボクは見逃さなかったのです。

B：はぁ。そうでしたっけ？

A：いや、そうなんです！

そしてその瞬間、ボクは直感したのです！

「**あ、この人、今、スプーン曲げようとしたな**」　ウケる技術㉙　レッテル展開

B：……アハハハ！

A：**ズバリ、Bさんの職業、「超能力者」でしょ！　世界を股にかける、ユリ・ゲラー的な人でしょ！**　ウケる技術㉙　レッテル展開

ちょっといいですか？（スプーンをとって）

ま、曲がってる……。

B：（笑）。何言ってるんですか。曲がってないですよ。

A：なるほど。確かに素人にはわかりませんよ。でもボクにはわかる。Bさん、あなた、このスプーン1回曲げて戻しましたね。　ウケる技術❷　建前＋ウケる技術㉙　レッテル展開＋ウケる技術㉙　レッテル展開

B：そんなわけないでしょ！　技術⑲　深読み

A：まあ普通は隠しますよね。**願望でした**。自分の持つ能力を。　ウケる技術❻　自分ツッコミ

……すみません。

戦略6　番組化

て。
超能力者の知り合いほしいなって前から思っていたので「もしや」と思いまし

B：(笑)

A：で、本当のところ、Bさんは何をしてらっしゃる方なんですか？

B：家電製品のメーカーに勤めています。

A：どこですか？

B：Sっていう小さなメーカーなんです。知らないでしょ。

A：……面目ない！　ウケる技術❷　建前＋ウケる技術㉒　同調

B：大丈夫ですよ。(笑いながら)

A：でも来週に秋葉原行くんでSさんの商品見ておきます。

B：ありがとうございます。

A：**秋葉原にこだまするような声で叫びますよ。**

「Sください！」　ウケる技術㉖　ミスマッチ

B：ざっくりした客だなあ。(笑)……そういえば、C遅いですね。

A：そうですね。すぐ戻ってくるって言ったのに……**あっ！　もしかしてBさんC**
を消したでしょ！　イリュージョンで！　ウケる技術㉙　レッテル展開

ウケる技術㉙

レッテル展開

例

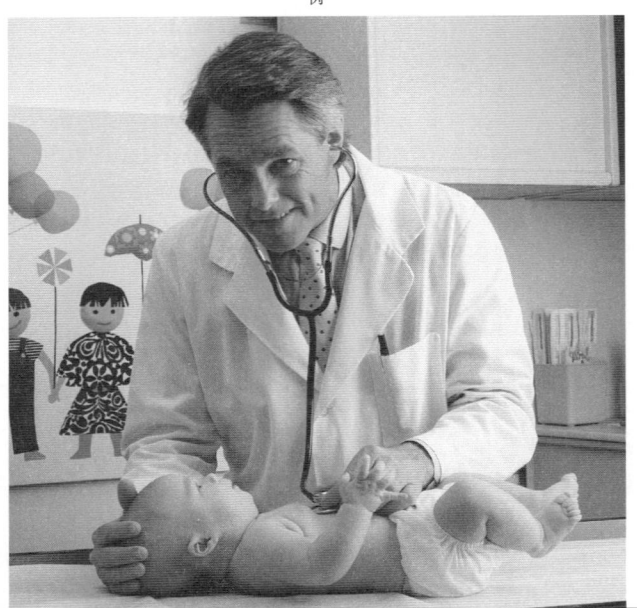

先生 「お母さん！ この脈拍、大物です。見てください、この手。アメリカンドリームつかみそうな手をしてるもの！」

レッテル展開の定義

相手の行動を一つのレッテルで解釈する

相手の外見や性格、行動をきっかけにして「あなたは○○な人ですね」というレッテルを貼ります。その後、相手の行動や言動をこじつけながら、「やっぱりあなたは○○な人だ」と勝手な解釈をしましょう。

例：(野菜スティックのきゅうりばかりを食べている人に) 君、河童?
展開①：(「河童ではない」と否定され) その尖った口がすでに河童だよね。
展開②：(帰り際に雨が降ってきて) うわ、最悪。傘忘れた。……いいなあ、河童は。

飲み会で、濃いルックスの女性を相手に「ラテン系」というレッテルを貼り、その場にいた人たちの共感を得たとして、その後の展開をみてみましょう。(下図)

イメージ

```
     豪快な飲みっぷりだ、ラテン系は!      酒を飲む
         ←――――――――――――――
  ┌──┐                            ┌──┐
  │自│  「やはりラテンの血が         │女│
  │分│   騒ぎますか」    ←上着を脱ぐ  │性│
  │  │        ←――→              │＝│
  │  │                            │ラ│
  │  │                            │テ│
  │  │                            │ン│
  │  │                            │系│
  └──┘   「なに? ボクとフラメンコ踊りたいの?」   └──┘
              ←―――席を立つ―――
         「『ラテン』は二次会行くよね?
          夜はこれからでしょ。ラテン系は!」
```

ウケる技術㉚

悪い空気

例

少年「オレたちさぁ……
『まいりました』って言うタイミング
逃し続けてるよな」

悪い空気の定義

雰囲気の悪さを共感しあう

気まずい状況や相手と打ちとけたくても打ちとけられないときなどに、そこに存在する悪い空気を指摘して笑いあうことで共感関係を築きます。

例①（IT会社の社長同士が商談で相手の出方をうかがっているときに）
今、まさにIT界の龍虎がにらみあっているわけですが。

例②（パーティで声をかけた女と共感できていない）
なんか変なヤツがきたなって思ってるかもしれないけど……変なのはオレの髪型だけだから。人柄はふつうだから安心して。

ポイント

「場をシラけさせるヤツ」にならないよう注意すること。

例 正直……この映画ひどかったよね。ディカプリオが敵と闘っていると
き、オレは睡魔と闘っていたよ。　ウケる技術㊲　韻
※このセリフは、相手が映画を面白いと思っていた場合、冷めさせてしまうので注意が必要。

イメージ

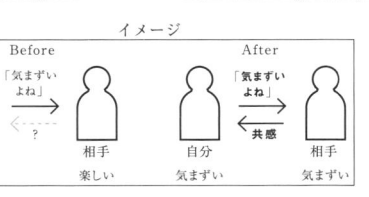

Before
自分「気まずいよね」→ 相手
気まずい　　　　　　　楽しい

After
自分「気まずいよね」⇄ 相手
気まずい　　共感　　　気まずい

ケース14 居心地の悪い店をなんとかする！

Before

（バーのカウンターでマスターMとの会話）

M：今日はお一人ですか？
客：ええ。
M：はじめまして。私この店で店長をしております成田です。（名刺を差し出す）
客：あ、どうも。
M：西麻布にはよく来られるんですか？
客：ええ、仕事でたまに。
（ほっといてくんねぇかな。空気の読めないヤツだな……）

>>> 発想のターニングポイント

お客さん意識を、捨てよう。

このケースの考え方

まず、お客さん意識を捨てましょう。たとえ、自分がお客の立場であれ、オレはカネ払ってんだぞ、黙ってても向こうが楽しませてくれるんだといった「客」意識、受け身の意識を卒業すること。

お店で打ちとけた空気を作り、なごみの場所としたいのなら、**客である自分の方から一段降りて、先に心を開いてしまうこと**が第一です。

このスタンスさえきちんと守られていれば問題ないですが、話を盛り上げるための技術も紹介しておきましょう。このケースを顔なじみというより初対面に近い状態と考えれば、**ウケる技術㉛ ロールプレイング**が有効です。After では、ロールプレイングの設定をきっかけとして、**ウケる技術⑱ ディテール化**を用いて、ベタなわかりやすい連想で話をころがしています。

「お客さん」なのに、自分から面白い話をして楽しませてくれようとする人に、お店側もさらに心のこもったサービスができる、自然としたくなる——いってみれば、幸福な、サービスの交換が生まれます。こう考えれば「お客さんの質が高い店は、いい店である」という通説も、うなずけるのではないでしょうか。

After

客：マスターはこの仕事長いんですか？

M：ええ、10年以上やってます。

客：**10年も!?　ウケる技術❷　建前**

M：……いやぁ初対面でなんなんですが、そんなベテランのマスターに聞いてほしい悩みがあるのです……。（重い表情で）

客：はい、なんでしょう？　私にできる範囲のことであれば。

M：実は……ボクには……。

客：**行きつけの店がないんです！　ウケる技術❸　カミングアウト**

M：そんなことですか。（笑）

客：そんなことじゃないですよ！　真剣に悩んでるんです。やっぱりね、好きな女に紹介できる気心の知れた店の一つや二つ知っておきたいじゃないですか。で、そんなオシャレな店ないかなぁ、なんて街を歩いていたら……

M：**ありましたよ！　ここに！　ウケる技術❷　建前**

客：お上手ですね。じゃあウチを行きつけの店にしてくださいよ。

M：**そんなこと言って、今度来たとき、ボクのこと忘れてるんでしょ！　ウケる技術**

⑲ 深読み

客：ホントかなぁ。

M：覚えてますよ。

客：じゃあちょっとシミュレーションしてみていいですか？

M：シミュレーション？　何の？

客：「行きつけの店」ですよ！　ボクが次来たときに、「あっ！　山ちゃん！」　ウケる技術㉓　便乗
ボク山岸っていう名前なんですけど。　ウケる技術㉑　キャラ変
「山ちゃん！」って気軽に言ってもらえないと「行きつけ」って感じしないじゃないですか。

M：なるほどね。いいですよ。やってみましょう。

客：じゃぁ、**従業員集合！　命令口調で恐縮です！**　ウケる技術⑩　切りかえ　ウケる技術⑥　自分ツッコミ

M：本格的だなぁ。……ちょっと、お前こっち来て。（近くにいた従業員を集める）

客：えぇっとですね、まず、ボクが店に入ってきます。そこで、ボクを見た人から「山ちゃん！」って元気に微笑(ほほえ)みかけてください。じゃぁ行きますよ。　ウケる技術㉛　ロ

ロールプレイング

※「常連客」と「顔なじみの従業員」という設定でロールプレイングが展開される。ここから客と従業員のロールプレイングに巻き込んでいる。

客：(一度店の外に出て、また店の中に入ってくる)

店員：「山ちゃん!」

客：「山ちゃんじゃないの!」

「どうよ、山ちゃん、最近の調子は!」

客：ボチボチよ!

……ここでフレンドリーにハイタッチしましょうか。

そう。いいですよ! そんな感じ! (カウンターの席に着き)

「じゃ、マスターいつもの」 ウケる技術㊳ 決まり文句

これ! これが言いたいの! ウケる技術❼ 下心

M：「いつもの」ですね。かしこまりました。(笑)

客：で、ここでマスターにお願いがあるんですけど、「この前、店で客どうしがケンカしたときボクがうまく仲裁した」みたいな武勇伝という設定で話をふって

M：山ちゃん、そういえばこの間、ありがとね。

客：いや、マスターいいんですよ。あの程度のこと。

（かん高い女声に変えて）

「え、山岸さん、何かあったの？」 ウケる技術⑱ ディテール化

M：今の誰ですか？

客：女ですよ。ボクが連れてくる予定の。

ここで彼女にボクの強さを間接的にアピールするんじゃないですか！ ウケる技術⑦ 下心

M：山岸さん、面白い方ですね。（笑）

客：ありがとうございます。

じゃぁ、ボクはこのへんで失礼します。

まあ、二度と来ることはないと思いますけど！ ウケる技術㉔ 裏切り

M：ちょっと！ 山さん！

客：じゃ、また近いうち！

ウケる技術㉛

ロールプレイング

例

泳ぐ彼氏	「**姫。これだけ探してダメってことは、指輪はたぶん他の場所……**」
見てる彼女	「2分休憩したらすぐ行って」
泳ぐ彼氏	「ハイ」

ロールプレイングの定義

相手を設定に巻き込み演技させる

ロールプレイングの意味は「役割演技」。ある設定に相手をノセてしまいましょう。お互いに演技して共感状態をつくり出します。

例①
A：(ヒラ社員AとBが毎日通う牛丼屋で)
A：社長、いいんスか？ こんなとこで。
B：かまわんよ。一度入ってみたかったんだ。このオレンジ看板の店。……ねぇ、このサラダおいしそうだね。
A：あ、これ、こうやって取って食べるんですよ。
B：え？ え？ 自分で取るの？
A：ええ、セルフサービスなんで。
B：はー、これがセルフ……。セレブなボクにはわからなかったな。

例②
A：(上司に一方的にダメ出しされたBに マイクを持つ動きで) 今回B選手は序盤から「聞き」に徹したわけですが。どうですか？
B：まあね。彼もね、日頃から思ってることもあったみたいだしね。まずは全部吐き出させようという、そういう気持ちで臨みましたね。
A：今回、勝利の決め手は？
B：やっぱり最後の台詞かな。もうビシッと言ってやったからね。
「以後、気をつけます」って。
A：なるほど。Bさんのヒーローインタビューでした。

ケース15 ディズニーランドの2時間30分待ちを乗り切る！

Before

（「スペース・マウンテン」の行列に並ぼうとしているカップルの会話）

女：2時間30分待ちだって。どうする？

男：行こうよ。せっかくだし。

（30分後）

男：あ～全然進まねぇな。超ダルいんだけど。

女：（「行こう」って言ったのあんたでしょ）

男：タバコ吸いて～。

女：……。

男：なんかイライラしてない？

女：別に……（なんなの、コイツ……）

〉〉〉 発想のターニングポイント

テーマパークに来ているときは、自分もまたテーマパークにならなければならない。

このケースの考え方

テーマパークに遊びに来ているときは、自分もまたテーマパークにならなければなりません。ディズニーランドのキャスト以上に、「あなた」のためだけの「キャスト」でなければなりません。

たとえアトラクションが人気で、待ち時間が長かったとしても、その時間こそがアトラクションになるぐらいの気負いとノリと、宣言があっていいでしょう。今見てきたような、体よく間を持たせるための戦略的な番組化というよりは、**心から楽しんでもらおうという番組化**の宣言です。

あなたがサービス化＝テーマパーク化した視点を持ったならば、うまいかヘタかは別として、ふたりの目に映るすべてのモノを触媒に、壮大な作り話、夢のあるフィ

ションが口をついて出てくるでしょう。東京ディズニーシーであれば「センター・オブ・ジ・アース」の火山が噴火する不規則なタイミングであるとか、「マーメイドラグーンシアター」館内の無数の海のモチーフなど、切り口としては宝の山です。そこから**ウケる技術㉜ 擬人化**や**ウケる技術⓲ ディテール化**により、即席のおとぎ話を編み出すこともできます。

 これはビジネスでも、営業マンのあるべき構えにあてはまります。つまり、営業マンは「請求書付きテーマパーク」にならなければならないのです。自分との商談を、遊びに来て楽しんで帰ってもらうぐらいの気持ちでお客さんに相対すること。そして、東京ディズニーリゾートがさりげなくも最もそこに力を注ぐように、あわよくば、また会って話がしたいという「リピーター」の思いもおみやげにして。

After

女：2時間30分待ちだって。どうする？

男：**ついにこの日が来てしまったか……。(遠い目をしながら)** ウケる技術⑮ キザ

女：え、何？

男：**こんなに早く君に見せることになろうとはね、オレの「待ち」を。** ウケる技術

㉝ 強がり＋ウケる技術⑳ アピール

女：あの……何言ってるか全然わかんないんだけど。

男：今から10年くらい前の話になるのかな……あ、この話ちょっと長くなるかもしれないけどいい？ ウケる技術❹ 前置き

女：う、うん。

男：これオレの中学のときの話なんだけど学校の近くに評判のラーメン屋があってさ、次郎ちゃんラーメンていうんだけど。いつも人がすごいたくさん並んでんのよ。で、みんなラーメンは食べたい。でも並ぶのは面倒くさい。そういうと き決まって呼ばれたのね、オレが。

女：なんで？

男：なんていうのかな。一緒にいるだけで楽しくて時間がどんどん過ぎちゃうみた

女：いな？　そういう不思議な魅力がね、オレにあるらしいのよ。で、一緒に並び始めるわけじゃん。するともう時間経つの忘れちゃってて、気づいたら目の前にできあがったラーメンがあるのよ。しかも食べるのも忘れちゃうくらい、時間がどんどん過ぎるから、そのラーメンのびちゃってさ。で、結局「お前のせいだ」って言われて。**よくおごらされたよ、ラーメンを。**　ウケる技術㉔　裏切り

男：それって、ただ単に利用されてただけじゃ……。

女：違う違う。それもまたオレの「待ち」が評価された結果なのね。**「待ち」に関していえば、中学時代アイドル的存在だったから。**　ウケる技術⑳　アピール

男：へえ……。

女：それ今思いついたでしょ。

男：**確かに、今思いついたよね。**　ウケる技術㉒　同調

でもそういう面白ワードが口をついて出てきちゃう、この瞬間からもうすでにオレの「待ち」は始まってると言えるよね。

男：**「待っち」って呼ばれてたから。**　ウケる技術㉖　ミスマッチ＋ウケる技術㊴　韻

女：じゃあ２時間30分待ちなんて余裕ってこと？

男：**余裕どころか、むしろこの待ち時間が一番面白いアトラクションになると思う**

女：よ。オレとの待ち時間がメインディッシュだとしたら、スペースマウンテンなんて、食後のほうじ茶みたいなもんだから。(ほくそ笑む) ウケる技術⑮ キザ

男：(周囲を見渡しながら)本当にこんなに人気あったっけ？

女：え、知らないの……？

男：何が？

女：スペース・マウンテンって最近、大改造されたんだよ。

男：え―本当？ 知らなかった。

女：へえ。どういうクレーム？

男：なんでもすごい数のクレームが来たらしくて。 ウケる技術⑱ ディテール化

女：へえ。どういうクレーム？

男：まあ色々あったらしいんだけど、一番多かったのが「宇宙ナメてるのか？」っていう。 ウケる技術⑱ ディテール化

女：は？

男：いや、だからさ、宇宙を前面に押し出してるわりには、「全然リアルじゃない」っていうクレームが殺到したんだよ、空気はあるわ、重力はあるわで、宇宙

人から。

女：……。

男：信じられないとは思うけど、業界じゃ結構そういうことあるみたいで。

技術⑱ ディテール化

女：……。

男：ジョージ・ルーカスとかも相当つるしあげられたらしいね。スターウォーズがクランクインした直後、すぐ火星に呼び出されてボコボコにされたんだってね。約8時間「フォース」について尋問されたらしいよ。

女：……。

男：やっぱり宇宙人の機嫌を損ねた時点で地球は滅亡だからさ。スペース・マウンテンに関してもディズニーランドあげての大改革をしたってわけ。

⑱ ディテール化

女：……ちなみにどこがどう変わったの？

男：そこなんだけど。いくらリアリティを追求するっていっても空気を無くしたり、無重力っていうのはさすがに無理なわけでしょう。そんなことしたら1回走らせるだけで10億以上かかっちゃうし。

女：そりゃそうだろうね。

男：そこで、**スペース・マウンテンに向井千秋が乗り込んでくるようにしたらしいね。土日だけね。** ウケる技術⑱ ディテール化 ……ちなみに今日は何曜日？

男：今日は……土曜日だけど。

女：そう！ だからこんなに人多いんだよ。**結局みんな、スペースマウンテンに乗りたいっていうより、千秋ねらいなんだよね。** ウケる技術⑱ ディテール化

女：……。

男：**まあオレはあくまでキミ狙いだけど。** ウケる技術⑮ キザ

女：……サムーい。

男：え、サムい？ よし！ 何か温かいもの買ってくるわ！

女：別にいらないから。(笑)

男：いや、行かせて。**中学時代、行列に並んでるときよく行かされてたし。** ウケる技術③ カミングアウト

女：え……まさかそれってパシリ——。

男：(女の言葉を打ち消すように) **待っちです！** ウケる技術㉘ 天丼＋ウケる技術⑤ 分裂

(笑顔で走り去る)

ウケる技術㉜

擬人化

例

熊「今度は
　　嫁の見つからんとこ
　　持ってこ」

擬人化の定義

動物・モノの目線でコメントする

話題や場の中心にモノや動物があるときに、**モノ目線**に切りかえて話す技術です。自分がモノの立場だったらどういうことを考えるか、どういう行動をとるのか想像してみましょう。

例①　（試験勉強の一夜漬け中、電球が切れかけてチカチカしている）
この電球、オレなみにテンパってるな……。

例②　（エサのランクを微妙に下げたところ、一向に口をつけない飼い犬に）
「すべてお見通しです」ってか……お前に我が家の家計の何が分かるってんだ！

例③　（飲み会開始10分で女性の首すじに蚊が止まって）
ヤッベー！　先に食われた！

イメージ

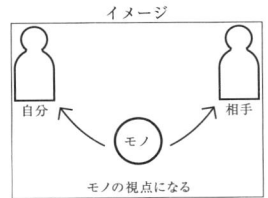

自分　　　　　相手
　　　モノ
　モノの視点になる

ウケる技術㉝

強(つよ)がり

例

女「ここのお会計、大丈夫なの？」
男「余裕、余裕！
　 ワシの年金すごいから！」

強がりの定義

自信ありげにふるまう

①ピンチのときに自信ありげにふるまい **相手を不安に巻きこまない**、②自分を大きく見せることで失敗したときのギャップを笑いにする、といった使い方があります。

例
A：私の名前、覚えてないでしょ。
B：**覚えてるよ！ 君んちの家系図全部頭に入ってるから。**
※実際には名前を忘れているのだが、強がることで自分を追いこみ、笑いにする。

ポイント

相手の不安をやわらげる効果があるが、**空気を読んで使うこと**。

例
（重大な会議に遅刻した）
×主役は最後に登場するものです。
○申し訳ありません！

イメージ

会話「風邪引いて寝こんじゃって……」 ➡ 会話（内心ツライ）「**計画通り！ 休みたかった！**」

例 (デートで行った店が混んでいた)
×こんなに混んでると思わなくて、ごめん……。
○(満席の客を見て) オレたちが来るって情報、どっから漏れたかな……。 ウケる技術㉝ 強がり＋ウケる技術⓭ カン違い
(はたから見たらマヌケだが、女性としては安心する)

最終戦略
愛

最終戦略　愛

本書「ウケる技術」も最終章を迎えます。

これまで六つの戦略を紹介してきました。そして、最後となる戦略では、「ウケる技術」の最終的なスタンスを紹介します。そしてそれはウケる技術に限らず、生の会話においても、間接的な会話においても、すべてのコミュニケーションの源流にある、最も基本的で最終的なスタンスと呼べるものだと言えるでしょう。

ここでもう一度、本書を開く前のあなたに立ち返ってみましょう。

なぜあなたは「ウケる技術」に興味を持ち、身につけようと考えたのでしょうか？

それは、あなたが笑うことが好きであり、そして人を笑わせることが好きだからだと思います。しかし、人を笑わせることが好きな人、今までウケて来た人、笑わせるのが得意な人こそが陥りがちな罠というものが存在するのです。また、本書を読み終えて「さあウケる技術を使ってみよう」と意気込んでコミュニケーションに臨んだ場合にも、この罠に陥る危険性があります。

その罠とは、「人を笑わせることで、自分の発想やセンスが人より優れていること

を確認する、またそれを目的として人を笑わせようとする」というスタンスなのです。

本書で何度も繰り返されてきた言葉があります。

コミュニケーションはサービスである

この前提に立つならば、会話の目的はあくまで相手を喜ばせること、気持ちよくさせることであり、笑いはその手段の一つでしかありません。場合によっては一言も口を利かないことがその場でのコミュニケーションのサービスになり得るのです。

だから、どのようなコミュニケーションの場面であろうが（それは初対面でもビジネスの場面でも恋愛の場面でも）人と人とが出会い、会話が生まれる、その時のスタンスは相手を「笑わせよう」ではなく「喜ばせよう」なのです。古臭い言い方になりますが、こう言うことができます。

「コミュニケーションは愛である」

そして、ウケる技術は、(それは毒舌という形態をとっても、シニカルな表現であっても) 愛をベースとすべきなのです。

こうして「愛」などという言葉を登場させると、読者の中には「おいおい、ちょっとおかしな流れになってきたぞ」「サムくね?」と感じてしまう方もいるかもしれま

せん。特に、笑いに敏感な人であればあるほど、「愛」という表現には嫌悪感を覚えることでしょう。しかし、それは、すべての雨が最終的には必ず海に流れ着くように、コミュニケーションの目的を突き詰めると（笑いという分野においても決して例外ではなく）愛に辿り着くのです。

（仕事で大きなミスをした部下が「丸坊主にしてこい！」と言われたあくる日）
部下：（丸坊主で出社する）おはようございます！
部長：おお、誰かと思ったらお前か。一瞬分からなかったぞ。**輝きが増してたからな。**
部下：ははは……。

これは坊主にしてきた部下を**ウケる技術㉗粋**でフォローしている場面です。ウケる技術を的確に使用しており及第点をつけることができます。しかし、次の場合はどうでしょう？

部下：（丸坊主で出社する）おはようございま……えっ!?
部長：**（丸坊主でデスクに座っている）**
部下：部長……その頭は？
部長：**あのミスはお前だけの責任じゃないだろう？（ウィンクする）** ウケる技術⓯ キザ
部下：ぶ、部長！（うるうるした瞳で）

どうでしょう？　部下の頭と同じ丸坊主にした部長の行動には最初の例を超えた部長の「愛」を確認することができます。まず、丸坊主にする部下の気持ちに共感し、その上で、笑いをスパイスとして持ってきている。これはまさに愛をベースとしたウケる技術であり、これを本書では最高級の笑いであると考えます。

これから紹介する最後2つのケースは、ともに、Beforeの時点で充分に笑いを取り、相手に対して、あなたが「面白い人」であるアピールは完成しています。しかしさらにもう一歩踏み込んだ笑いを、愛をベースにした笑いを目指していただきたい。

それこそが単なる「面白い人」ではなく「愛される人」であり、本書で定義する「ウケる人」なのです。

ケース16　飲み会で弱者をプロデュースする!

Before

部長：なんだ、コノヤロー！（ビートたけしのモノマネ　※かなり上手）
A子：アハハ！　超似てる！
B美：部長さんおもしろーい！
部下：……。
A子：（部下に向かって）あまりしゃべらない人なんですね。
B美：っていうか、まだ一言も発してないよね。（笑）
部下：……。（おどおどする部下）
部長：なんかしゃべれ、コノヤロー！　ダンカン、コノヤロー！
A子：キャハハ！
部下：ハハハ……。（苦笑）

>>> 発想のターニングポイント

強者には強者の、義務がある。

このケースの考え方

生まれつきウケる技術を備えているような、コミュニケーション強者がひとり勝ちになってしまいがちなケースを取り上げました。

ひとり勝ちになってしまいがちな? 書きまちがいではありません。

ひとり勝ちは自分本位であり、幸福を周囲に還元せずひとり占めすることは、罪なのです。

「自分を中心に場が回っていることは、気持ちいい」

「自分さえ面白くて魅力的と思われ、周囲より卓越していることで気持ちよくなれれば、それでいい」

この考え方には決定的に「愛」が欠落しています。

コミュニケーション弱者である部下を、番組化に巻きこみ、ウケる人に育てること。それを見ている女性たちをも、ノリよく場に参加させてしまうこと。

そのためのひとつの技術として、**ウケる技術㉙レッテル展開**の姉妹篇となるものですが、相手を立てているつもりでも自分が主役になる傾向が否(いな)めないレッテル展開に対し、こちらは自分はアシストする立場を貫き相手に花を持たせることに主眼をおいた、いわば「レッテル展開・愛バージョン」とでもいうべきものです。

そして、できうれば、場を盛り上げて自分の存在を誇示するのでなく、場を盛り上げたあと、あえて自分の存在を消し去ることの美しさを知っていること。それこそが、ウケる人としてこれまでたくさんのいい思いをしてきた男の、高貴なる者の義務(ノブリス・オブリージュ)なのです。

After

部長：なんだ、コノヤロー！（ビートたけしのモノマネ　※かなり上手）

A子：アハハ！　超似てる！

B美：部長さんおもしろーい！

部下：……。

A子：（部下に向かって）あまりしゃべらない人なんですね。

B美：っていうか、まだ一言も発してないよね。（笑）

部下：……。（おどおどする部下）

部長：出たよ、柴田の必勝パターン。 ウケる技術㉙ レッテル展開

A子：どういうこと？

部長：まず最初はこうやって口下手な風を装うわけ。そうやって相手を油断させておいて……目で殺す。 ウケる技術㉙ レッテル展開

部下：いや、あの……。

部長：な！　そうだよな、柴田！　な、そうだよな、柴田！

部下：は、はい。

部長：柴田の「目殺し」はすごいよ。そもそも柴田は目力（めぢから）入社だからね。面接で一

言も口きかずに面接官を見つめ続けたって話だよ。　ウケる技術⑱　ディテール化

A子：全然そういう風には見えないんだけど。(笑)

部長：そんなこと言ってられるのも今のうちだよ。

（ちょうどそのとき個室の扉が開き女性店員が来る）

部長：よし、柴田……殺(や)れ！　ウケる技術㉝　強がり

部下：は、はい！（店員をギラリとにらむ）　ウケる技術①　ツッコミ

女性店員：ご注文は？（真顔で）　ウケる技術⑤　分裂

一同：(笑)

部長：いやあ、しかし凄(すさ)まじかったね、柴田の目殺しは。あの店員完全にお前に惚(ほ)れてたぞ。

※明らかに柴田は店員を目で殺せてないが、ウケる技術②　建前→番組化している。

部下：い、いや、そうは見えなかったですけど……。

部長：ねえ、すごかったよね、柴田の目殺し。

A子：すごかった。横から見てるだけで、クラッときたもん。　ウケる技術㉞　パス

部長：柴田、ちょっとA子ちゃんを、目で殺してみて。　ウケる技術②　建前

部下：は、はい。（ギラリとにらむ）　ウケる技術⑤　分裂

A子：落ちたかも。私、落ちたかも。

※全体として柴田をからかうという構図になっている。

部下：あ、あの……好きなタイプとか聞いてもいいですかぁ？ ウケる技術❷ 建前

部下：そ、そうですね……やはり、胸の大きい人が。 ウケる技術❼ 下心

A子：調子に乗んなよ。（笑） ウケる技術❶ ツッコミ

部下：す、すみません。

部長：柴田！ 目力！ ウケる技術㉞ パス

部下：(A子をギラリとにらみつける) ウケる技術㉘ 天井

A子：店員さん、シリコン二つ！ ウケる技術❿ 切りかえ

部長：A子ちゃん、それ最高！

B美：ところで、どう、B美ちゃん？ 柴田みたいなタイプは。

部長：まあ、悪くないかな。

B美：「悪くないかな」て！ どんだけ上から目線？ パリス・ヒルトンかよ！ ウケる技術㉑ キャラ変

特に垂れ下がった目尻が。 ウケる技術⓮ フェイクツッコミ

っていうかB美ちゃん、本当にパリス・ヒルトンに似てない？ ウケる技術㉔ 裏切り

部長：なるほど……**目力VS目尻というわけだな。** ウケる技術⑫ 俯瞰

※対決構造に持ち込むことで番組化している。

B美：あの……必死でにらんでくれるのはいいんだけど、**君、目力全然ないし。**

部下：**こんな綺麗な人なのに……。(B美をにらみながら)** ウケる技術❷ 建前

A子：そうそう、そういえば、B美、最近男と別れたのよ。

部下：**知ってます！ でも今の自分にはこれしかないんス！(にらみながら)** ウケる技術❶ ツッコミ

部長：**(B美をギラリとにらみながら)似てます。**

B美：いや、それホメてない。(笑)

部長：ホメてるって、なあ、柴田。B美ちゃん似てるよなヒルトンに。

A子：なんかこの人キャラクター変わってきてない？(笑) ウケる技術❶ ツッコミ

部長：……エンジンかかってきたみたいだな。よし、柴田、そろそろやっとくか、「目力漫談」！

柴田：え……。

A子：なにそれ！ 見たーい！ やって、やって！

ウケる技術㉒ 同調

部長：**言っとくけど来年のR‐1ぐらんぷり制覇するのは柴田だからね。な、柴田、な！** ウケる技術㉝ 強がり

柴田：あ、あの、部長……。

部長：じゃあちょっとネタ合わせしてくるから！（柴田を引っ張って部屋の外へ）

部長：よし、行け！

部下：は、はい！（扉を開けて）

はい、どうも。**目力漫談の柴田です〜しかし最近は物騒な事件が多いですね〜。**（鋭い眼光を放ちながら女に接近していく） ウケる技術㊳ 決まり文句

A子：ちょっと何！こわーい！

B美：キモい！（笑）

（部屋の中が盛り上がっているのを確認し、部長は静かにレジへ）

店員：お会計ですか？

部長：いくらだ、**コノヤロー！（たけしのモノマネで）** ウケる技術⑯ パロディ

店員：（笑）

ウケる技術㉞

パス

例

左「私が合図をしたら例のやつを」
右「わ、分かった」

右「**あの、最近耳がめっきり遠く……**」
左「(よし! 逃げ切れる!)」

パスの定義

他人にある行動を促し、笑いをとらせる

場において「今、○○させればウケる」というポイントを見抜き、他人にその行動をうながすことで笑いを取らせます。

天丼とパスを組み合わせる

例
A：え? 裕子ちゃんマジで警察に連れてかれちゃったんだ? で、その時お前は、何してたの?
B：そんなこと全然知らなくて、家にいたんだよね。しかもすげー暇で。**足の角質とって、机の上に並べてた。**
（しばらくして）
A：でも、それはとんだ災難だったよね。……で、その時お前は何してたんだっけ?
B：**家で角質並べてた。**
A：（帰り際に）で、お前は帰って何するの?
B：**角質並べる。**

イメージ

「赤外線奉行!」 ← みんなのケータイを集めて順列組合せで赤外線通信をやってあげる

「鍋奉行!」 ← 具を入れる順番を緻密に指揮

自分　　　　　　　　　　相手

「タクシー奉行!」 ← タクシー激戦区である金曜の渋谷の夜に、道の真ん中に出て「回送」タクシーを強引に止める

レッテル展開とパスを組み合わせる

例
(飲み会でサラダを食べようとしたBに)
A:お、野菜ソムリエがサラダを食べるよ。ちなみにこのレタスはどこ産?
B:(間髪入れず)千葉だね。千葉は千葉でも茨城にほど近い茂原あたりで作られたレタスだね。
A:何で分かるの?
B:(間髪入れず)甘み。

ポイント

パスが失敗した場合は必ずフォローすること。

例
(自分のフリ通りにモノマネを繰り出した友人がスベっていて)
一同:……。
自分:アハハハ!……ってオレだけ!? んだけど、オレだけ!? ウケる技術㉚ 悪い空気 こいつの長宗我部元親のモノマネめっちゃ好きな

ケース17 空港にて

(空港で別れを惜しんでいる恋人同士。女性の職業は外交官)

Before

男:最低でも三年は戻ってこれないんだよね……。

女:うん。

(うつむく二人。沈黙)

男:くっそー!

女:何? どうしたの?

男:こういうときに、「どこでもドア」があればなあ! そうしたら世界中どこでも近距離恋愛なのに! ねえ、そういうの支給してくれないの? 外務省は!?

ウケる技術⓰ パロディ+ウケる技術㉖ ミスマッチ

女:今度聞いてみるね。(ぎこちない笑顔)

アナウンス：アリタリア航空ミラノ行き808便ご搭乗のお客様は23番ゲートにお回りください。

女：じゃあ、行くね。（荷物を持って立ち上がる）

男：あ、ちょっと待って！

女：何？

男：ええっと……（鞄の中をごそごそと探る）あ、あった。はい、これ。

女：これ、何？

男：これはね、「キスマーク」のシール。一年分。

女：なんで？（笑）

男：いや、イタリアっていったら、ほら、一人で歩いてる女の子を見たら必ず声をかけないといけないっていう強迫観念を持った男たちのナンパ大国でしょ!?

女：そうね。（笑）

男：そこでこのキスマークをつけることによって、男の影をチラつかせていただこうと思いまして。魔除け的に。

ウケる技術⓫ 詭弁

技術㉑ キャラ変

というわけで、毎朝これつけて出勤してください! お願いします! ウケる

女:分かった。(笑)
男:じゃあ……気をつけてね。電話する。
女:うん。

(男に背を向けスーツケースを引いて歩き出す女。目にはうっすらと涙が)

>>> 発想のターニングポイント

安全地帯から出よ

ウケる人が陥りやすい罠(わな)なのですが、自分が快適な場所の中だけでノーリスクに小器用に立ち回るだけでは、真に相手の心を動かすことは、できません。最初のうちはそれでかりそめのサービス精神を感じさせても、いつか自分本位の化

けの皮は剝がれ、相手に寂しい思いをさせることすらあります。

自分の身が安全な圏内から思い切って外へ出て、「ここまで私のためにしてくれるの？」というところまで、相手に肉迫し、コミットすること。

時に身を賭して、相手のために、一線を越えること。

それこそが本当に人の心を打つ「愛」なのです。

After

女：うん。

男：最低でも三年は戻ってこれないんだよね……。

(うつむく二人。沈黙)

男：くっそー！

女：何？ どうしたの？

男：こういうときに、「どこでもドア」があればなあ！ ねえ、そういうの支給してくれないの？ そうしたら世界中どこでも近距離恋愛なのに！ 外務省は!?

女：今度聞いてみるね。(ぎこちない笑顔)

ウケる技術⑯ パロディ＋ウケる技術㉖ ミスマッチ

アナウンス：アリタリア航空ミラノ行き808便ご搭乗のお客様は23番ゲートにお回りください。

女：じゃあ、行くね。(荷物を持って立ち上がる)

男：あ、ちょっと待って！

女：何？

男：ええっと……（鞄の中をごそごそと探る）あれ？ ないぞ？

女：何？ どうしたの？

男：あれ、ここに入れたはずなんだけどなあ。おかしいなあ。ここかなあ？

（上着を脱いでシャツのポケットを探す）

女：忘れ物？

男：いや、ちょっと待って……。あれ？

（男、なぜかシャツを脱ぎ、その下に着ていたTシャツを脱ぎだす）

女：ちょっと、ちょっと何してんの!?

（不審に思った警備員が近づいてくる）

（上半身裸になった男。腹を見ると、半円形のポケットが。そこにはマジックで『四次元ポケット』と書かれてある）

女：なに、それ？

男：（ポケットに手を入れる）

テレテレッテレー！ミラノ行き808便行きチケットー！（ダミ声で）

技術㉟ サプライズ

女：え……？
男：一緒に行こ。（女の荷物を持って歩き出す）
女：え、ちょっと……え？　え？　だって……あなた仕事は？
男：うん。いっぱい休みもらってきた。とりあえずイタリアで就職活動します！
女：……。
男：仕事みつかんなかったら、また戻ればいいし、ね？
女：……。
男：もしかして……迷惑だった？（涙ぐむ）
女：ううん。違うの。
男：え？
女：（男に抱きつく女。地面に落ちるスーツケース）
男：ちょ、ちょっと！　イタリアンスタイルはまだ早いから！
女：好き。
男：（顔を赤らめて）と、とにかく早く行かないと、飛行機出ちゃうよ！

ウケる技術⑯ パロディ＋ウケる

寄り添って歩き出す二人。苦笑いする警備員の傍らを通りすぎる。

ウケる技術㉟

サプライズ

例

男「孫よ、その告白がうまくいってもいかんでも、七面鳥焼いて待っとるでな」

サプライズの定義

相手の期待をイイ意味で裏切る

相手が自分に対して不安に思っているときや、相手が自分に対して持っている期待を上回る行動に出ることで相手を喜ばせて笑いにします。

例①
部長：高橋部長、誕生日おめでとうございます！
部員：わざわざすまないね。ありがとう。（ロウソクの火を消そうとする）
（すると、突然誕生日ケーキの中から人が飛び出してきて）
社長：**おめでとう高橋くん。（生クリームだらけで）**
部長：社長……。
(部長の誕生日にケーキを用意して)

例②
上司：（どうせまた企画書作ってないんだろうな……）ん!?
部下：（山盛りの企画書を持って）**やりだしたら止まらなくなってしまいまして。逆にすみません。**

イメージ

「諸君おめでとう！　上場だ!!」
普通に与える場合
「上場だ！」
技術を使った場合
「覚悟して聞いてくれ……」

期待が下がっているぶん、相手を喜ばすチャンスになる。

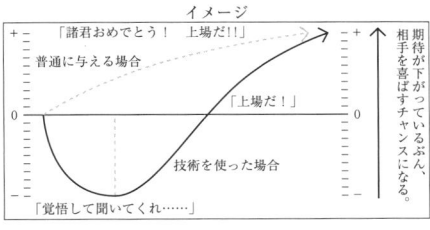

例③

（5月5日こどもの日に）

少年：みんなの家には鯉のぼりがあっていいなあ。でもうちお金ないから……あ！ **(自宅の屋根から棒が突き出ており、家族全員が棒につかまって斜め懸垂をしている)**

母：あんたも早く上がってきなさい。おばあちゃんもう限界だから！

婆：（全身から汗を流しながら棒につかまっている）

ポイント

意図せず相手にネガティブな印象を与えてしまっても、それを踏み台にすれば、労せずして成功するよりも、むしろ大きな結果をもたらすことができる。

男：今度飲みに行きましょうよ！　ぜひ！（ガイジン化して誘っている）

先生：忙しくて時間とれないんだよね（ネガティブな印象を抱く）

（一週間後、ばったりと再会し）

男：**あの、先週しつこくお誘いしてご迷惑をおかけした者ですが！　ウケる技術㉚　悪い空気**

先生：ああ、あの時の（笑）

※第一印象が悪くなったとしても、その失敗こそがチャンスになるとすら言ってよい。初対面の人にも臆することなく「攻め」のガイジン化でいくこと。

補足　アクションとレトリック

話し手のパフォーマンスの中で、純粋に言葉の内容が聞き手の印象に残るのはわずか7％であり、態度や表情・アクションといったビジュアル面の印象が55％、言い方や語調などサウンド面の印象が38％も占める……。このような統計は、正確な数字は知らないまでも、なんとなく耳にされたことがあるかと思います。本書もまた、**ウケる技術❺分裂**や**ウケる技術⓮フェイクツッコミ**をはじめとして、言葉の内容づけを意識した理論を展開してきました。

最後にあらためて、ウケる技術のページではふれなかった、ビジュアル面やサウンド面から技術を補強し、効果を高めるものとして、5つのツールを紹介しておきます。

ビジュアル面ではアクション・動きを取り上げます。アクションは、リアクションを大きくして会話のテンションを底上げするだけでなく、場の空気を作る「キャラ」になるために欠かせない要素です。**ウケる技術㊱ビジュアル化**と**ウケる技術㊲決まり**

動作の2つのツールを紹介します。

サウンド面ではレトリック・言い回しを取り上げます。レトリックとは、面白おかしく言うためにある言葉の「型」を用いるということです。本書では**ウケる技術㊳決まり文句、ウケる技術㊴韻そしてウケる技術㊵ボキャブラリー**の3つを紹介しておきます。**ウケる技術㊳決まり文句**や**ウケる技術㊴韻**については、厳密に体系化せず、読者の方々が属するコミュニティでの旬のコトバに敏感になるためのヒントを提供しました。また、**ウケる技術㉖ミスマッチ**を補完するツールとして考えていただければと思います。**ウケる技術㊵ボキャブラリー**については、**ウケる技術㊴韻**そして**ウケる技術㊵ボキャブラリー**の3つを紹介しておきます。

これらのツールを駆使することで、「ウケる技術」の効果は相乗的に高まることでしょう。

補足　アクションとレトリック

ウケる技術㊱ ビジュアル化

例

小林幸子。

ビジュアル化の定義

体を使って こっけいな映像を再現する

言葉を使って映像を喚起するのがディテール化、体を使って映像を見せるのがビジュアル化です。ビジュアル化はディテール化とワンセットで使うと効果的です。

例①　（P198でAが使ったディテール化をビジュアル化すると）ライフセーバーとして海に飛びこみますよ。「Bさん今行きますよ！」みたいに。（海に飛びこみ豪快なクロールで泳ぐ動き）

例②　やっぱり第1志望は緊張するよなぁ。（手のひらに『人』という字を書いて飲みこみながら、ウトウトと居眠りをしている）　ウケる技術❺　分裂

ウケる技術㊱ 決まり動作

例

「朝刊に、オレと同姓同名の人が出てるー!!!」

決まり動作の定義

決まり動作を場面にあてはめる

決まり動作とは、ドラマで役者が演じるような象徴的な動作、ありがちな動作のことです。

例 部長：誰か、この中でお客さんに謝りに行ってくれるやついるか？
（誰も反応しない）
仕方ない。オレが直接行く……えっ!?
部下：（ゆっくりと手を挙げる。**サタデーナイトフィーバーの動きで**）

決まり動作の具体例

● **片膝をついてかしずく**（恐縮するときなど）
● **親指を立てる**（人がミスをしたときなど）

ウケる技術㊳ 決まり文句（きまりもんく）

補足　アクションとレトリック

右「よし！ あの人のミクシィに足跡残したぞ！」

例

決まり文句の定義

決まり文句を場面にあてはめる

決まり文句とは、象徴的な言葉、ありがちな言葉のことです。特定の職業を表す典型的な決まり文句を場面にあてはめるとより効果的です。

例　部下：部長、Yシャツにクリーニングのタグついたままっスよ。
　　部長：**とっとけ**。（部下に金を握らせるようにしてタグを渡す）

決まり文句の具体例

● ウチの○○がいつもお世話になっております。（知人○○に人を紹介されたときなど）
● お客様、当店ではそのようなお召しものの方はお断りしています。（自宅を訪ねてきた友人に）

ウケる技術㊴ 韻（いん）

例

親「伸びてる！ 学力は伸びてないけど、背は伸びてる！」

韻の定義

述語をそろえて対比させる

おもに述語をそろえることで韻を踏み、対比の構造を生むことができます。「うまいこと言う」というのは多くの場合、これにあたります。

例 A：お前、ホント頭悪いよな。
　 B：**顔も悪いけどね。**（ニヤリ）

ウケる技術㊵ ボキャブラリー

ボキャブラリーの定義

面白さが増す語彙をまぶす

会話の面白さを引き立たせるスパイスとなる単語を意識して取り入れましょう。 ※流行り廃りがあります。

あいまい語
例① A：冷蔵庫のプリン食べただろ。
　　B：**イイ意味で**、ね。
例② A：え、こんな時間!?
　　B：もう**終電的**なもの、ないよね〜。

強調語
例　授業中に『スラムダンク』を**鬼**読してたら、先生にみつかっちゃって。もう、**鬼**謝りだよ。

擬音語
例　女：はい、どうぞ。（サラダを盛り過ぎる）
　　男：すごい**もっさり**したのが来たんだけど。

例

男「今のショット、キャディさんホレただろ！」
キャディ「『ポッ』でございます」

ウケる技術・メール篇 ✉

「ウケる技術」ではもっぱら、人と直接顔と顔を見合わせるコミュニケーションを扱ってきました。しかし文庫化にあたって、どうしても目をつぶることのできなかったのは、文字のコミュニケーション、つまり、メールにおけるウケる技術です。

もちろん、言い方や表情といったニュアンスをふんだんに含み、相手やその場の空気に応じて様々に言うことをすり合わせできるアドリブ性を持った生のコミュニケーションは、相手に訴求する力において圧倒的に優位であり、その前ではメールの力には限界があることも事実です。しかしメールには、単に時間や場所の連絡といった機能をこえて、相手の心を打ち、揺さぶり、動かす力があります。時として現実でダメになりそうな関係をひっくりかえすことさえあります。メールはビジネス・恋愛双方で、現実の人間関係をうまく進行させる「酵素」のような働きをしているのです。今やコミュニケーションの一角を担うメールを打つ技術の習得はあらためて切実だと言えるでしょう。

ところが、ロジカルだったり読みやすかったりするメールを書くというスキルは世の中にあふれていても、感情を動かすメールについて、精神論でなく技法論から正面切ってとらえた本はほとんどありませんでした。それはメールを書く技術というものが、直接的なコミュニケーションに比べて、**隠蔽されやすい技術**だったからではないでしょうか。通常のコミュニケーションにおいて「人間オンチ」であればすかさずツッコミというフィードバックが入って本人に自覚がなされますが、メールは密室のやりとりですから、自分がうまいメールを打っているかまずいメールを打っているかはわからない。みんなどういうメールを打っているんだろう？　と疑問に思うことはあっても、実際に他人のプライベートであるメールの文面をのぞきこんで分析することはできません。うまいメールを打つ集団とまずいメールを打つ集団とでおそろしい格差、コミュニケーション力の格差といったものが生れていたとしても、それになかなか気づかないわけです。

　一方で、メールというコミュニケーション・ツールを学ぶことの意味は大きいものがあります。対面してのコミュニケーションと違ってその場その場でのアドリブといった瞬発力が求められるわけでもなく、時間をかけ、何度でも推敲することができるからです。**学ぶ意欲を持った人であれば、メールの技術を上達させることは可能なの**

メールのうまい人のやり方を分析し、誰にでも使えるような形式知にすること。その暗黙知、密室芸を明るみに出し、コンパクトにまとめ、多くの人にこの日常のコミュニケーション・ツールをよりよく使いこなすための手引きとなることがこの章のねらいです。

この章ではメールの中でも**携帯メール、そして恋愛におけるシーン**を扱います。携帯メールは、短い字数で人の心を揺さぶる表現の創意工夫が求められます（もちろん、PCメールにも応用が可能です）。また、対象を恋愛に限るのは、恋愛こそが感情を動かすメールの技術を必要とする最たるものだからです。これから説明する「押し、引き、愛嬌（あいきょう）」に集約される技術はすべて、仕事ではそれでよしとされた「用件」のメールから恋愛にかかわる「感情」のメールへと脱皮することをゴールにしています。

今やメールを基本としてSNSなどにもひろがり、生のコミュニケーションに加えて重要なツールとなった活字のコミュニケーション技術を会得（えとく）してはじめて、「ウケる技術」は補完されるといっていいでしょう。

メール篇

メールは大きく分けて3つのシーンで力を発揮すると考えられます。

・打ちとけていない相手に会うオファーをし、許可をえる力
・時間的・空間的に離れている相手の感情を温め、つなぎ止める力
・逆境や劣勢で相手との関係をひっくりかえし、挽回（ばんかい）する力

それぞれを3つのケーススタディで取り上げ、それぞれの力に関連する代表的な技術を説明します。

Afterの例文はウケる技術本篇と同様、技術をわかりやすく示すために、全体的に文章量を長めに設定しています。また、読み物としても楽しんでいただくために、あえてリスキーな表現を採用している箇所があります。実際のメールでは、相手との距離感をはかりながら言い回しや表現を微調整することが大切です。

ケース1 メールアドレスを聞いた相手に初めての携帯メールを送る！

前の日の飲み会で出会った相手にメールを送るケースです。初対面の子と話が盛り上がって、「ごはんいかない？」と誘ったらまんざらでもない様子だったので、こちらとしては話を進めたいのですが、そのときの彼女の言い方はちょっと適当で軽かったし、デートが決まったこととして進めてよいのか、微妙なケースです。こういったケースで、次のようなメールを打ってしまった経験はないでしょうか。

Before

> ✉
> 橋本です。昨日言ってたデートだけど、いつが空いてる？今週末は忙しいですか？返事待ってます。

メールが力を発揮するシーンのうちでも、デートや飲み会などに誘ってOKをもらう場面は最もベーシックなものです。とはいえ、ここで注意しなければいけないのは、その力は**メールの抱えるある問題をクリアしてはじめて得られる**ものだということです。

たとえば「昨日言ってたデートだけど」という一節。何の気なしに打ったようなこのひとこと、これだけで、次のような、こちらが思いもよらないような解釈が生じる可能性がある、ということに気づいているでしょうか？

そう、メールを打つ際の大きな問題とは、**メールで何かを言おうとすると、そこには何かしらネガティブな解釈が生まれる可能性があるということ**です。その可能性を無視して、Before のようなメールを打ってしまう人は意外なほどに多いのです。

話しぶりやニュアンス、表情といった生のコミュニケーションを支える重要な要素

半分社交辞令のつもりだったんだけど…

昨日言ってたデートだけど、

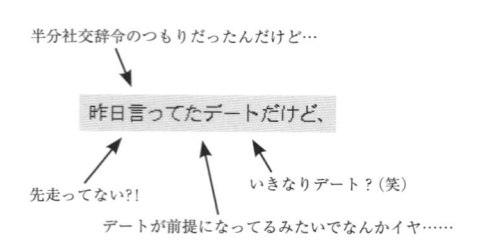

先走ってない?!

いきなりデート？(笑)

デートが前提になってるみたいでなんかイヤ……

なにげなく打ったフレーズにも、相手次第でネガティブな解釈の可能性が生じる

がすっぽりとはぶかれ、文字だけになってしまっているメールは、文字にこめたはずの微妙なニュアンスは、相手の恣意に委ねられ、その解釈がどうころぶかコントロールできないという、リスキーなコミュニケーションなのです。

そこでまず、**自分の書いた言葉が相手に与える効果に敏感になることが重要**です。

文面を見て相手が勝手に抱いてしまう、自分が意図しない含みやニュアンス。これら**予期せぬネガティブな解釈の芽を、ひとつひとつ自分ツッコミを入れてつぶしながら恐る恐る書き進めるというスタンス**が、いいメールを打つ鉄則なのです。つまり、同じ内容を直接会って伝える時よりも、文字のコミュニケーションはその分だけ長くなり、手間がかかるわけです。その手間を惜しまないことが、相手の心を打つメールになるのです。

「ネガティブに解釈されるリスク」を考えることができれば、デートの約束が確定している場合であっても、そこから一歩後退した地点、デートの約束は前提でないという地点からやりなおすことができます。これがケース1の重要な技術「空気読み」です。

このことをふまえて先ほどのぶっきらぼうな表現に書き加えると、

というように、断定的な表現になるのを緩和した、マイルドな言い方になります。

その後に続く、「いつが空いてる？ 今週末は忙しいですか？ 返事待ってます。」はもうお分かりかと思いますが、NGです。昨日のことは昨日のこと。今の相手の気持ちを聞いていないのに、前に進めるのはあまりにもリスキーです。

デートをいつにするかの話よりも先に、昨日会って楽しくしゃべったこと、共有した体験について語りましょう。多少社交辞令かもしれないにせよ、話が盛り上がってデートの話になったのですし、その共通に体験したことを臨場感豊かにリマインドさせて、相手の温度をあたためなおすことが先決です。

✉ 昨日言ってたデートだけど、

↓

✉ 昨日言ってたデートだけど、ほんとにどうすか？っとあらためてお誘いしてみました！

これぐらいのセンテンスが必要でしょう。

話の順番としてデートのことはその後の話であり、確定したことでもないのですから、気持ちを抑えて「許可を取る」にとどめる必要があります。生で会う時にくらべると、メールの文章は相手に対する押しの強さがありませんから（端的に言えば断りやすい、ということです）、できるだけ心理的ハードルを下げるべくフレーズを書き加えていくことも必要です。どうして相手をデートに誘いたいのか、自分の本心を気持ち悪くなく、それでいて嘘にならないように書き足します。

✉

昨日言ってたデートだけど、いつが空いてるかな？

↓

✉

昨日は楽しかったっす。っていうか、マジ楽しかった!!
昨日言ってたデートだけど、ほんとにどうすか？っとあらためてお誘いしてみました！

> 昨日言ってたデートだけど、ほんとにどうすか？っとあらためてお誘いしてみました！ こないだはメシっていうよりか話に夢中でほとんど何も食ってなかったから(笑)、今度は落着いて旨いもんでも食べながらゆっくり話せたらなーなんて思いまして・・・

それではAfterの例を見ていただきますが、その前に、もう一度メールにおける最も重要な原則を復習しておきましょう。メールを打つ鉄則は、**自分の書いたフレーズに対して相手が勝手に抱いてしまうネガティブな解釈の芽をつぶしながら書き進める**というスタンスです。そのことが理解できれば、「橋本です。」という最初の一文にも、こんな感情が生まれる可能性に気づけると思います。

After

橋本です。って覚えてる？昨日はミキさんの隣でテンション上がりすぎて話すのに夢中で全くメシが食えず、今朝、自分の腹がグーグー言う音に起こされた橋本です。昨日は超楽しかったっす！というわけで昨日言ってたデートだけど、ほんとにどうっすか！？これはある意味リベンジっす！（勝手に！）確かに、昨日の腹ペコの橋本はそこらへんにいる男だったかもしれない。しかし「生牡蠣」や「モツ鍋」と組み合わさったとき橋本はとんでもない魅力的な男になるんですわ、実際！…結局何が言いたいかっていうと、「モツ鍋」のうまい店知ってるってことなんだけど!!というわけでどうすか！？「橋モツ」と、どうすか！？…っと、気づいたらまたテンション上がりすぎてとんでもなく長いメールになってました（笑）というわけで今後ともよろしくです♪では！

橋本です。

↑

っていうか、誰？

メールでウケる技術❶ 空気読み

相手に何かメッセージを発したときに生まれる「空気」、つまり相手が思うだろう気持ちや誤解の可能性を先回りして、そのネガティブな解釈をケアする技術です。

例

✉
年末の27～29あたりにうちで鍋会計画中！

↓

✉
年末の27～29あたりにうちで鍋会計画中！っていうか今決めた、必死で(笑)

例

✉
温泉いこうよ！

↓

✉
温泉いこうよ！**大丈夫、スタンガン（オレ迎撃用）買**ってくから！

メールでウケる技術❷ 自分ツッコミ

アピールしたりアクションを起こしたりしている自分に対し、もうひとりの自分が俯瞰(ふかん)した視点からその状況にコメントします。いやらしさや気持ち悪さを緩和します。

例

✉
今度ウチでWiiやろうよ！絶対盛り上がるって！俺テンション上がってきた！

⬇

✉
今度ウチでWiiやろうよ！絶対盛り上がるって！なんか俺テンション上がってきた！っていうか、盛り上がってるのオレだけ？（笑）

例

✉
そっかー、チカちゃんお花見来れないんだー。残念！

⬇

✉
え！？チカちゃんお花見来れないって、そ、それ、ど、ど、ど、どういう、こ、こと！？どういうことなん！？…って俺、ヘコみすぎ（笑）

メールでウケる技術❸ ニュアンスづけ

メールでははぶかれてしまうニュアンスの表現を補足することで、生のコミュニケーションに近いかたちで、こちらが本当に伝えたい内容をより丁寧に伝える技術です。

次に挙げる具体例にみるように、メールにおける語尾は「ニュアンスの心臓」ともいえるほど印象を左右するものですから、語尾表現に注意深くなることが重要です。

※絵文字について。絵文字は言葉の表情やニュアンスを表現できる簡便なツールですが、安易にたよりすぎては技術の向上の妨げになります。これからしばらくは最低限の絵文字「♪」を使うにとどめ、文章が長くなってもいいので、表情ですら文字で表現する習慣を心がけてください。

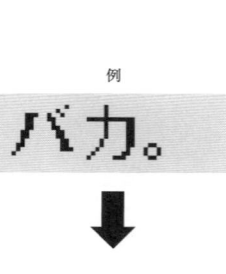

例

バカ。

↓

バカ♪

♪…相手に対する好意を表現します。

メール篇

例

うれしい♪

⬇

う、うれしい♪

どもる…感情を表す言葉の最初の一文字をダブらせます。愛嬌、可愛げを表現できます。

例

いろいろ聞きすぎ？

⬇

いろいろ聞きすぎ(笑)？

(笑)…文の意味が深刻になりかねない場合に、漂う空気を緩和させ、余裕ある感じを出す働きをします。

例

よろしくです。

⬇

よろしくですっ!!

っ!!…愛嬌、可愛げ、勢いが出せます。

例

元気？

⬇

元気け？

方言…標準語を方言に変えるだけで、言葉にまろみと親しみやすさが出ます。

ケース2 日程調整のメールを、点を稼ぐメールに変える!

デートに誘ってOKの返事をもらってから当日まで日があく場合や、仲良くなってから次会う約束がないという場合、何かアクションを起こした方がいいような気がすることがあります。「つなぎのメール」というわけですが、ケース1で見たようにはっきりした用件や目的があって送るのとちがって、用件もないのにただ何か書いて送るなんてどうしたらよいのだろう、と思われるかもしれません。もともと男性の思考回路は目的にむかって直線的になっているときには意欲もわくものなのですが……。

「デートOK」の返事を受けてから、日が空いてしまった後で送るケースを考えてみましょう。

Before

✉
明後日だけど、忘れてない？　表参道に21時だよ。よろしく。

さて、これでいいのでしょうか。つなぎのメールは、デートをするという目的においては必要最低限の情報で十分という考え方もあるでしょうが、**デート当日まで相手の温度を保ち、感情をつなぎ止めておく上では**、きわめて大事な中継ぎ的役割を担っています。相手と自分の心理的距離を近づけるには、共通の感情や体験をお互いに共有することが重要であり、お互いの距離が離れて顔の見えない携帯メールでも、**自分がまるで相手の目の前にいるかのように思い出させ、現実の二人の関係が進むのを応援することができます。**

このケースではまずこのメールを送ること自体の空気読み、つまり「時間が空いてしまった」ことへのケアがあるべきです。メールをサボっていたことの気まずさを、芸のないおわびで罪滅ぼしするのでなく、もっと前向きに、必死の好意アピールで巻き返す、という方向性でしょう。用件が一行で言えてしまうメールを、感情をくすぐる「ネタメール」にかえるのです。

> ✉ えっと、しばらく時間が空いてしまったけど、オレの方はノリコちゃんの晴れ舞台を見たいと思いつつ仕事に追われてたのが落ち着いて、花束持ってお店に駆けつけられる余裕が出てきたわ。…っていうか、マジ持ってっていいすか？！

書き出しで時間が空いていたことの気まずさをケアできたと思ったなら、そのままの勢いで日程確認になだれこみましょう。その際ここでもやはり、あえていったんは引き気味にしておきます。連絡を怠っていたのだから、デートの約束を当然のこととは思っていないという「誠意」を示すのです。そして、誠意と同時に「押す」こと。ケ

メール篇

ース1と比べれば、相手と約束はしていて、話は進展しているのですから、勇気を持って「踏みこみ」を入れることがたいせつです。低く入りつつ、強くコミットする。このあたりのスタンスは、ウケる技術本篇を復習されるとよいでしょう。

After

✉

どうよ？始まってる、青山店のお仕事？　遅ればせながら開店おめでとーっす！　えっと、しばらく時間が空いてしまったけど、オレの方はノリコちゃんの晴れ舞台を見たいと思いつつ仕事に追われてたのが落ち着いて、お祝いに駆けつけられる余裕が出てきたわ。…っていうか、マジ持ってっていいすか？！どでかい花束、勤務時間中に店長、客、その他押しのけてレジカウンターにバーンとこれ、いったっていいすか？！っていうか、傍迷惑すか？（笑）ってことで、明後日の夜ってまだ空いてたりした？表参道に21時ぐらい希望です！とはいいつつ、スタートはあなたの仕事状況におまかせしますわ♪とはいいつつ、ますますキレイとの噂のノリコさんを早く見たいんでなる早でよろしく♪

メールでウケる技術 ❹・❺

言い換え／繰り返し

生のコミュニケーションであれば、思いをこめた表情や言い方で言えば、たったの一言（たとえば「好きです」）で相手を揺さぶることがありえますが、メールでは、万感の思いを一言にこめようとすること自体が危険であり、横着な考えです。

ひとつのことを異なる方向からさまざまに言いかえることで、どうにかこちらの真意が相手に伝わるものだと考えてください。さまざまな言い方に言いかえなくても、ただ同じフレーズをくりかえして言うだけでも、ずいぶん相手への伝わり方が変わります。

・言い換え（A≠B）…言葉を継ぎたして、伝えたいニュアンスをわかりやすくする。

例

✉
今日は、帰りますわ。じゃ明日！

↓

✉
今日は、帰りますわ。正直**高橋ちゃんにねぎらいの一言もかけてきたかったけど、次があるんで苦みばしりつつも男橋本、失礼します**！今日はホントにお疲れ様‼

・繰り返し（A＝A）…言葉に重みを持たせ、強調する。

例

> うれしいです。では、27〜29日の・・・

↓

> うれしいです。**っていうかマジうれしいんだけど！！**では、・・・

例

> こないだは行けなくて、ごめん。

↓

> こないだは行けなくて、ごめん。**っていうか、ごめんっ‼**

メールでウケる技術❻ 映像化

相手がこちらに対して抱く親しみや愛情は、「2人で共有する感情や体験の総量」にかかっていると言っていいでしょう。それはメールで強力にバックアップできることです。映像を思い浮かべさせることで、**離れてもまるでそばにいるように感じさせることができます。**

何を映像化すれば、相手の心をくすぐれるか、その選球眼がポイントです。2人で会っている時に気づいた相手のツボだったり、そこに気づいてコメントしてあげれば盛り上がったはずなのに言いそびれた「潜在盛り上がりポイント」に想いをめぐらせてみましょう。

> 例
> ✉
> そのボーダーのワンピ、カワイすぎて周囲の男ギラついてる可能性大だから夜道気をつけて帰って♪

映像を「創作」する

出会って日が浅い関係、共通の体験が乏しいうちは、数少ないネタだけを使い回していると、ワンパターンになってしまいやすいです。この場合は、**相手が自分に抱いているであろうイメージの延長上を「創作」して、妄想させてあげること**が有効です。

相手に自分のことを具体的に、ありありと妄想をふくらませてもらうことで、あたかも「何かを共通に体験してる」感を出し、心理的距離を近づけることができるのです。

例

✉

カゼで声をやられまして。なんか声がえらくハスキーになりまして。その声で優作やらサザンやらマネしてはオフィスのギャルたちにキャーキャーいわれまして♪ある意味カゼにカンシャしてる毎日です。いやごめん、キャーキャーいわれてないし、実はやっぱちょっとしんどいんだけど、「明後日は延期！大人しく寝てなさい」なんてあったーッ、ツレないこと言わずにこのハスキー・ヴォイスで口説かせて！ってことでカゼだけに変なテンションで盛り上がっていくんで！

映像の「創作」は、メールの中でももっとも頭を使う部類に入ります。とはいえ、ふだんから関係がうまくいっている人との間でも、面倒くさがらず、ひと手間をおし

まない習慣とサービス精神が身についていれば、楽しみながら打つことができるはずです。
離れていても、心理的距離を近づけられる。これこそが恋愛メールの醍醐味なのです。

ケース3 逆境をメールで挽回する！

最後に扱うのは、メールが時として持つ、現実世界の関係をひっくりかえす力のことです。ケース1やケース2で見た技術をひととおりマスターして、力がついてきてからトライすべきケースといえるでしょう。

相手が多忙な人でデートの約束をしたのですが、そのあとのフォローも怠っていたのか、直前になって「多忙による疲労」をいいことに、やんわりと断られてしまったケースで考えます。当日、相手から来たのはこんなメールです。

✉
明日の約束なんだけど、最近フライトが立て込んでて結構疲れてて、もしよかったらなんだけど、来週か再来週に延期してくれたらうれしいんだけど、どう？…今日話してごめんなさい。

Before

> そっかー。オレ的にはすっごく行きたかったんだけど、残念！また復活したらいつでもメールしてね。お疲れ様♪

　普通に考えやすいのは、こういったレスポンスでしょう。相手を気づかい、微妙な優しさをアピールしてはいますが、コミット力に欠けた安易な、弱い優しさです。相手を取り逃がしてしまう感じは否めません。考え方をかえましょう。**ぐっとここでふんばって、メールで約束を復活させる方法**はないか。なんとか自分の熱意をアピールしてこのデートに来てもらうという方向性です。

　相手の事情に理解を示した上で、自分の思うところを正直に、愛嬌たっぷりに主張する。**自分とデートに行くことによって、相手がどんな幸福を得られるかを具体的に**

After

相当お忙しいとは思ってたけど、そっかそっか、お疲れ♪一応ね、明日の晩はハラミの旨い焼肉屋を予約してまして！すげー旨くて予約でパンパンで、入れるのが22時30分という・・・でも待って！サヤカ氏もナリタ着くの夜なんだし、迎えに行くし荷物持つんで（執事的に！）、帰国したアシでサクッと食って帰るだけしちゃわない？疲れた時は肉だというし（と、いつかサヤカ氏が言ってた）、疲れてる時はオレの笑顔だというし（これはアピール、笑）♪ってことで、2人で軽く元気つけにいきまへん？・・・まー、でもムリ言ってるのはジュージュー（←サブリミナル）承知の上なんで（笑）、本当にムリだったらギブアップするように♪ま、いつでもいけるしさ♪そんじゃフライトお疲れ!!

イメージさせて、自分にとっても相手にとってもハッピーな提案であることを念押しする。そして肝心なことは「押し」つつも、最後はあくまで相手に断る余地を残してあげること。つまり「引き」です。誠意とやさしさをつくしたなら、相手は「そこまでいうなら……」とこちらの想いを自然に感じてくれるはずです。

メールでウケる技術 ❼ 押し引き

相手に「好き」という言葉を伝えたい。しかし、単体では言葉の意味があまりにも強く、引かれてしまう。そこで必要になるのは、気づかいや建前といった前口上を述べた上で、さりげなくホンネを押しこむという段取りです。

例

✉
結局その後仕事どうしてるの？やっぱ大変？アパレルは華やかに見えてしんどいもんなんかねえ。。。なんつーか優雅に見えても水の下では足をバタバタさせて頑張ってるいわば白鳥？俺でよかったらこういう時にこそ力になりたい、なんて勝手に思ってます。‥‥っとかなんとか言って、本当はただキョウコと会って話がしたいだけなんだけど!!（笑）ってことで、サクッと茶だけでもしない？週末の昼間とかちょっと空いてたりする？

エゴに走るのでもないし、利他的な愛に尽くすのでもない、それらが折り合った落としどころ的なところで、葛藤している。せめぎあう内面を、勇気を持ってそのまませらけ出すことで、相手の心を揺さぶることができるのです。

メールでウケる技術 ❽ かっこ

かっこは、メールという平板なメディアを、立体的な感情にみちたものにする万能のツールです。ビジネスでは地の文だけのはっきりとした物言いが歓迎されますが、ニュアンスを第一とする恋愛メールでは相手への印象を微妙に調整できる機能を持つたかっこほど強力な武器はありません。この記号には3つの機能があります。

ディテール化

表情やしぐさ、行動などのディテールをかっこに入れて付け加えることで地の文により深みが出ます。

例

✉
来年こそは起業します！

↓

✉
来年こそは起業します！（こたつでミカンの白い部分をていねいにとりながら）

下心

自分のホンネをかっこ内に入れて情報として付け足すことで、愛嬌のある文章になります。

例

✉
優しいと評判のナイスガイたちを連れていきます！

↓

✉
優しいと評判のナイスガイたち**（オレ含む！）**を連れていきます！

自分ツッコミ

俯瞰(ふかん)した視点からのツッコミをかっこに入れて付け加えることで、地の文のこっけいさが際立(きわだ)ちます。

例

✉
飲み会参加させてちょ!大丈夫、絶対迷惑かけないから!参加させて!お願い!!

⬇

✉
飲み会参加させてちょ!大丈夫、絶対迷惑かけないから!席の隅っこでヨン様のモノマネしてるだけですから!**(←逆にそれが迷惑!かつ古い!!)**

ひととおり読み終えた方へ

本書では、ウケる技術をすべて並列させ同じ扱いとしてきましたが、実は、大きく四つのカテゴリーに整理することができます。技術のページをめくりながら「なんとなく似通ったモノがあるなあ」と思った方は、鋭いですね。四つのカテゴリーとは、**空気・共感モノ、キャラモノ、前後モノ、クリエイティブモノ**、です。順番に説明します。

空気・共感モノは、場の空気を読み、その空気を拾う技術のことです。「コミュニケーションはアドリブである」とする本書においては、**ウケるための基本的な考え方を含んだ重要なカテゴリー**です。「空気が読める」といわれる人はこのカテゴリーに強いといえるでしょう。

キャラモノは、空気・共感モノとは逆に、場の空気をつくり出す技術のことです。素の自分の状態からモードチェンジして、あるキャラクターを演じ、演じることで笑いにつながる、場の「ひずみ」を生むというものです。

ひととおり読み終えた方へ

前後モノは、会話文の前と後で逆の関係をつくることによって、聞き手の期待の逆を行く、いい意味で裏切る技術です。後にくるオチの効果まで逆算できる、「計算高い」ところがある人はこのカテゴリーに強いといえるでしょう。

クリエイティブモノは、応用レベルの技術です。場の空気を読んだりつくり出したりすることとは別に、純粋にアタマの中で面白いことを考えている人が得意な技術です。このカテゴリーは、**新しい組み合わせ**を作る技術と、ベタな共感しやすい**連想**を展開する技術によって成り立っています。

巻末のチェックリストは、以上のカテゴリー分けにもとづいて、本文では登場順に並んでいるウケる技術をコンセプチュアルに再編集したものです。さらなる深い理解に役立てていただければ幸いです。

付録 「ウケる技術」チェックリスト

モノにしたいと思う技術を **Before** のセルにチェックしてください。ぜひ欲ばって多めにチェックしてみてください。本書を読む以前に無意識に使ったことがあるものも、この Before にチェックしてください。

ここにチェックした技術を、集中的に、日常生活でくりかえし使うことで、モノになっていくはずです。

確信を持って自分のモノになったと思われるものを、**After** のセルにチェックしていってください。

After へのチェックが1個ふえるたびに、あなたはウケる人へのステップを着実に上がっていることになります。

カテゴリー	No.	ウケる技術	定　義	頁	Before	After
空気・共感	1	ツッコミ	相手の面白さに気づいて拾う	28		
	3	カミングアウト	自分のはずかしい部分を告白する	50		
	7	下心	下心を口に出してしまう	58		
	12	俯瞰	全体像にツッコミを入れる	96		
	19	深読み	相手の行動の裏を読む	124		
	22	同調	相手のネガティブな期待に応える	144		
	25	カウンター	普通ためらうところを即レスで言う	168		
	27	粋	相手をいたわりながら切り返す	172		
	30	悪い空気	雰囲気の悪さを共感しあう	216		
キャラ	2	建前	思ってもいないことをオーバーに言う	48		
	8	タメ口	目上の人に友だち感覚で話しかける	60		
	9	恐縮	極端に下手に出る	62		
	13	カン違い	物事を都合よく解釈する	104		
	15	キザ	過剰にカッコよく演技する	108		
	17	自分フォロー	自分で自分をはげます	112		
	20	アピール	自分の魅力をアピールする	126		
	23	便乗	あつかましく相手にねだる	152		
	31	ロールプレイング	相手を設定に巻き込み演技させる	224		
	33	強がり	自信ありげにふるまう	236		
	36	ビジュアル化	体を使ってこっけいな映像を再現する	269		
	37	決まり動作	決まり動作を場面にあてはめる	270		
前後	4	前置き	後に続くセリフの心の準備をさせる	52		
	5	分裂	ふつうと逆の言い方で言う	54		
	6	自分ツッコミ	行きすぎた自分にツッコミを入れる	56		
	10	切りかえ	会話の矛先をいきなりかえる	78		
	21	キャラ変	態度を急変させる	142		
	24	裏切り	相手に次の行動を読ませておいて、逆を言う	166		
	35	サプライズ	相手の期待をイイ意味で裏切る	264		
クリエイティブ	11	詭弁	ヘリクツをつけて説得する	94		
	14	フェイクツッコミ	怒り口調で相手が傷つかないことを言う	106		
	16	パロディ	有名な歌・フレーズを会話の流れにあてはめる	110		
	18	ディテール化	話の細部を具体的にして、ころがす	122		
	26	ミスマッチ	話の文脈と違うモノを組み合わせる	170		
	28	天丼	一度ウケた言葉を再度登場させる	192		
	29	レッテル展開	相手の行動を1つのレッテルで解釈する	214		
	32	擬人化	動物・モノの目線でコメントする	234		
	34	パス	他人による行動を促し、笑いをとらせる	252		
	38	決まり文句	決まり文句を場面にあてはめる	271		
	39	韻	述語をそろえて対比させる	272		
	40	ボキャブラリー	面白さが増す語彙を会話にまぶす	273		

この作品は平成十五年七月インデックス・コミュニケーションズより刊行された単行本に、大幅に加筆・修正したものです。なお、最終戦略「愛」・メール篇は、文庫化にあたっての書下ろしです。

池谷裕二
糸井重里 著

海　馬
——脳は疲れない——

脳と記憶に関する、目からウロコの集中対談。「物忘れは老化のせいではない」「30歳から頭はよくなる」など、人間賛歌に満ちた一冊。

池谷裕二 著

脳はなにかと言い訳する
——人は幸せになるようにできていた⁉——

「脳」のしくみを知れば仕事や恋のストレスも氷解。「海馬」の研究者が身近な具体例で分りやすく解説した脳科学エッセイ決定版。

池谷裕二 著

受験脳の作り方
——脳科学で考える効率的学習法——

脳は、記憶を忘れるようにできている。そのしくみを正しく理解して、受験に克とう！——気鋭の脳研究者が考える、最強学習法。

池谷裕二 著

脳には妙なクセがある

楽しいから笑顔になるのではなく、笑顔を作ると楽しくなるのだ！　脳の本性を理解し、より楽しく生きるとは何か、を考える脳科学。

黒川伊保子 著

恋　愛　脳
——男心と女心は、なぜこうもすれ違うのか——

男脳と女脳は感じ方が違う。それを理解すれば、恋の達人になれる。最先端の脳科学とAIの知識を駆使して探る男女の機微。

黒川伊保子 著

「話が通じない」の正体
——共感障害という謎——

上司は分かってくれない。部下は分かろうとしない——。全て「共感障害」が原因だった！　脳の認識の違いから人間関係を紐解く。

河合隼雄 著 **働きざかりの心理学**
「働くこと=生きること」働く人であれば誰しもが直面する人生の"見えざる危機"を心身両面から分析。繰り返し読みたい心のカルテ。

河合隼雄ほか著 **こころの声を聴く** ―河合隼雄対話集―
山田太一、安部公房、谷川俊太郎、白洲正子、沢村貞子、遠藤周作、多田富雄、富岡多恵子、村上春樹、毛利子来氏との著書をめぐる対話集。

河合隼雄 著 **こころの処方箋**
「耐える」だけが精神力ではない、「理解ある親」をもつ子はたまらない――など、疲弊した心に、真の勇気を起こし秘策を生みだす55章。

志村けん 著 **変なおじさん【完全版】**
子供の頃からコメディアンになろうと決心し、ずっとコントにこだわってきた！ そんなお笑いバカ人生をシャイに語るエッセイ集。

磯田道史 著 **殿様の通信簿**
水戸の黄門様は酒色に溺れていた？ 江戸時代の極秘文書「土芥寇讎記」に描かれた大名たちの生々しい姿を史学界の俊秀が読み解く。

中川越 著 **すごい言い訳！** ―漱石の冷や汗、太宰の大ウソ―
浮気を疑われている、生活費が底をついた、原稿が書けない、深酒でやらかした……。追い詰められた文豪たちが記す弁明の書簡集。

河合隼雄 著
吉本ばなな

なるほどの対話

個性的な二人のホンネはとてつもなく面白く、ふかい！ 対話の達人と言葉の名手が、自分のこと、若者のこと、仕事のことを語り尽す。

吉本ばなな 著

イヤシノウタ

かけがえのない記憶。日常に宿る奇跡。男女とは、愛とは。お金や不安に翻弄されずに生きるには。人生を見つめるまなざし光る81篇。

つげ義春 著

新版 貧困旅行記

日々鬱陶しく息苦しく、そんな日常から、そっと蒸発してみたい、と思う。眺め、佇み、感じながら旅した、つげ式紀行エッセイ決定版。

つげ義春 著

無能の人・日の戯れ

ろくに働かず稼ぎもなく、妻子にさえ罵られ、無為に過ごす漫画家を描く「無能の人」など、人間存在に迫る〈私〉漫画の代表作12編集成。

岡本太郎 著

青春ピカソ

20世紀の巨匠ピカソに、日本を代表する天才岡本太郎が挑む！ その創作の本質について熱い愛を込めてピカソに迫る、戦う芸術論。

岡本太郎 著

美の呪力

私は幼い時から、「赤」が好きだった。血を思わせる激しい赤が——。恐るべきパワーに溢れた美の聖典が、いま甦った！

さくらえび
さくらももこ著

父ヒロシに幼い息子、ももこのすっとこどっこいな日常のオールスターが勢揃い！ 奇跡の爆笑雑誌『富士山』(全5号)からよりすぐった抱腹珍道中の粒よりエッセイ。

またたび
さくらももこ著

ありがとうもごめんなさいもいらない森の民と暮らして人類学者が考えたこと

世界中のいろんなところに行って、いろんな目にあってきたよ！ 伝説の面白雑誌『富士山』(全5号)からよりすぐった抱腹珍道中！

ヨーロッパ退屈日記
伊丹十三著

ボルネオ島の狩猟採集民・プナンには、感謝や反省の概念がなく、所有の感覚も独特。現代社会の常識を超越する驚きに満ちた一冊。

この人が「随筆」を「エッセイ」に変えた。本書を読まずしてエッセイを語るなかれ。一九六五年、衝撃のデビュー作、待望の復刊！

女たちよ！
伊丹十三著

真っ当な大人になるにはどうしたらいいの？ マッチの点け方から恋愛術まで、正しく、美しく、実用的な答えは、この名著のなかに。

日本世間噺大系
伊丹十三著

夫必読の生理座談会から八瀬童子の座談会まで、思わず膝を乗り出す世間噺を集大成。リアルで身につまされるエッセイも多数収録。

新潮文庫最新刊

朝井リョウ著 **正　欲**
柴田錬三郎賞受賞

ある死をきっかけに重なり始める人生。だがその繋がりは、"多様性を尊重する時代"にとって不都合なものだった。気迫の長編小説。

伊与原 新著 **八月の銀の雪**

科学の確かな事実が人を救う物語。二〇二一年本屋大賞ノミネート、直木賞候補、山本周五郎賞候補。本好きが支持してやまない傑作！

織守きょうや著 **リーガル・ルーキーズ！**
——半熟法律家の事件簿——

走り出せ、法律家の卵たち！「法律のプロ」を目指す初々しい司法修習生たちを応援したくなる、爽やかなリーガル青春ミステリ。

三好昌子著 **室町妖異伝**
——あやかしの絵師奇譚——

人の世が乱れる時、京都の空がひび割れる！妻にかけられた濡れ衣、戦場に消えた友。都の瓦解を止める最後の命がけの方法とは。

はらだみずき著 **やがて訪れる春のために**

もう一度、祖母に美しい庭を見せたい！孫の真芽は様々な困難に立ち向かい奮闘する。庭と家族の再生を描く、あなたのための物語。

喜友名トト著 **余命1日の僕が、君に紡ぐ物語**

これは決して"明日(きみ)"を諦めなかった、一人の小説家による奇跡の物語。青春物語の名手、喜友名トトの感動作が装いを新たに登場。

新潮文庫最新刊

R・トーマス
松本剛史訳

愚者の街（上・下）

腐敗した街をさらに腐敗させろ――突拍子もない都市再興計画を引き受けた元諜報員。手練手管の騙し合いを描いた巨匠の最高傑作！

村上春樹著

村上T
――僕の愛したTシャツたち――

安くて気楽で、ちょっと反抗的なワルの気分も味わえる！ 奥深きTシャツ・ワンダーランドへようこそ。村上主義者必読のコラム集。

梨木香歩著

やがて満ちてくる光の

作家として、そして生活者として日々を送る中で感じ、考えてきたこと――。デビューから近年までの作品を集めた貴重なエッセイ集。

あさのあつこ著

ハリネズミは月を見上げる

高校二年生の鈴美は痴漢から守ってくれた比呂と打ち解ける。だが比呂には、誰にも言えない悩みがあって……。まぶしい青春小説！

杉井 光著

世界でいちばん透きとおった物語

大御所ミステリ作家の宮内彰吾が死去した。『世界でいちばん透きとおった物語』という彼の遺稿に込められた衝撃の真実とは――。

D・R・ポロック
熊谷千寿訳

悪魔はいつもそこに

狂信的だった亡父の記憶に苦しむ青年の運命は、邪な者たちに歪められ、暴力の連鎖へ巻き込まれていく……文学ノワールの完成形！

新潮文庫最新刊

松原始著 **カラスは飼えるか**

頭の良さで知られながら、嫌われたりもするカラス。この身近な野鳥を愛してやまない研究者がカラスのかわいさ面白さを熱く語る。

五条紀夫著 **クローズドサスペンスヘブン**

俺は、殺された——なのに、ここはどこだ？ 天国屋敷に辿りついた6人の殺人被害者たち。「全員もう死んでる」特殊設定ミステリ爆誕。

M・A・ハンセン=ヴェンブラード
久山葉子訳 **脱スマホ脳かんたんマニュアル**

集中力がない、時間の使い方が下手、なんだか寝不足。スマホと脳の関係を知ればきっと悩みは解決！ 大ベストセラーのジュニア版。

奥泉光著 **死神の棋譜**
将棋ペンクラブ大賞
文芸部門優秀賞受賞

名人戦の最中、将棋会館に詰将棋の矢文を持ち込んだ男が消息を絶った。ライターの〈私〉は行方を追うが。究極の将棋ミステリ！

逢坂剛著 **鏡影劇場**（上・下）

この〈大迷宮〉には巧みな謎が多すぎる！ 不思議な古文書、秘密めいた人間たち。虚実入れ子のミステリは、脱出不能の〈結末〉へ。

白井智之著 **名探偵のはらわた**

史上最強の名探偵VS.史上最凶の鬼。昭和史に残る極悪犯罪者たちが地獄から甦る。特殊設定・多重解決ミステリの鬼才による傑作。

ウケる技術

新潮文庫　　　　　　　　　　　　こ-41-1

著　者　　小林　昌平
　　　　　山本　周嗣
　　　　　水野　敬也
発行者　　佐藤　隆信
発行所　　株式会社　新潮社

　　郵便番号　一六二―八七一一
　　東京都新宿区矢来町七一
　　電話　編集部（〇三）三二六六―五四四〇
　　　　　読者係（〇三）三二六六―五一一一
　　https://www.shinchosha.co.jp

価格はカバーに表示してあります。

乱丁・落丁本は、ご面倒ですが小社読者係宛ご送付ください。送料小社負担にてお取替えいたします。

平成十九年四月一日発行
令和五年六月十日二十七刷

印刷・錦明印刷株式会社　　製本・錦明印刷株式会社
Shôhei Kobayashi
© Shûji Yamamoto　2003　Printed in Japan
Keiya Mizuno

ISBN978-4-10-131371-9　C0133